数字化档案管理与资源建设

郑　坚◎著

吉林人民出版社

图书在版编目(CIP)数据

数字化档案管理与资源建设/郑坚著.--长春：吉林人民出版社,2025.1.--ISBN 978-7-206-21806-4

Ⅰ.G270.7

中国国家版本馆 CIP 数据核字第 2025Q9S703 号

数字化档案管理与资源建设

SHUZIHUA DANG'AN GUANLI YU ZIYUAN JIANSHE

著　　者：郑　坚
责任编辑：金　鑫
封面设计：豫燕川
出版发行：吉林人民出版社(长春市人民大街7548号　邮政编码:130022)
印　　刷：唐山才智印刷有限公司
开　　本：787mm×1092mm　1/16
印　　张：8.5　　　　　　字　数：116千字
标准书号：ISBN 978-7-206-21806-4
版　　次：2025年1月第1版　印　次：2025年1月第1次印刷
定　　价：68.00元

如发现印装质量问题，影响阅读，请与出版社联系调换。

前 言

档案,作为人类社会活动的真实记录,承载着历史、文化、知识与记忆。传统档案管理模式在长期的历史进程中,为人类文明的传承与发展做出了不可磨灭的贡献。然而,随着信息技术的飞速发展,尤其是大数据、云计算、人工智能等新兴技术的广泛应用,传统档案管理面临着诸多挑战,存储压力大、检索流程烦琐、资源共享范围有限等问题日益凸显。数字化档案管理则凭借其独特的优势,为这些难题提供了极具创新性的解决方案。通过数字化手段,档案能够以电子数据的形式被安全存储,极大地节省了存储空间;同时,借助先进的数据库管理系统与智能检索技术,档案的查询与调用可在瞬间完成,并且能使档案资源在更广泛的范围内实现共享。

数字化档案资源建设是一项系统性、长期性且极具挑战性的工程,需要档案工作者具备扎实的专业知识、敏锐的创新意识和严谨的实践精神。本书力求理论与实践相结合,既注重理论的深度与广度,又强调实践的可操作性与指导性,以为档案工作者提供有利参考。

笔者在撰写本书的过程中,参考了许多资料以及其他学者的相关研究成果,在此对他们表示衷心的感谢。书中难免有错误和疏漏之处,敬请读者批评指正。

目 录

第一章　档案数字化概述 ⋯⋯⋯⋯⋯⋯⋯⋯⋯⋯⋯⋯⋯⋯⋯ 1
　　第一节　档案数字化的含义与发展历程 ⋯⋯⋯⋯⋯⋯⋯⋯ 1
　　第二节　档案数字化的重要性与必要性 ⋯⋯⋯⋯⋯⋯⋯⋯ 5
　　第三节　档案数字化的业务流程 ⋯⋯⋯⋯⋯⋯⋯⋯⋯⋯⋯ 8

第二章　档案数字化管理 ⋯⋯⋯⋯⋯⋯⋯⋯⋯⋯⋯⋯⋯⋯⋯ 13
　　第一节　纸质档案的数字化管理 ⋯⋯⋯⋯⋯⋯⋯⋯⋯⋯⋯ 13
　　第二节　照片和音频档案的数字化管理 ⋯⋯⋯⋯⋯⋯⋯⋯ 25
　　第三节　视频档案的数字化管理 ⋯⋯⋯⋯⋯⋯⋯⋯⋯⋯⋯ 36

第三章　数据挖掘在档案管理中的应用 ⋯⋯⋯⋯⋯⋯⋯⋯⋯ 46
　　第一节　数据挖掘的概念 ⋯⋯⋯⋯⋯⋯⋯⋯⋯⋯⋯⋯⋯⋯ 46
　　第二节　数据挖掘的现实价值 ⋯⋯⋯⋯⋯⋯⋯⋯⋯⋯⋯⋯ 54
　　第三节　数据挖掘的设计原则 ⋯⋯⋯⋯⋯⋯⋯⋯⋯⋯⋯⋯ 58
　　第四节　数据挖掘的应用实践 ⋯⋯⋯⋯⋯⋯⋯⋯⋯⋯⋯⋯ 60

第四章　数字化档案管理的创新 ⋯⋯⋯⋯⋯⋯⋯⋯⋯⋯⋯⋯ 77
　　第一节　多载体档案统筹管理 ⋯⋯⋯⋯⋯⋯⋯⋯⋯⋯⋯⋯ 77
　　第二节　文件档案一体化管理 ⋯⋯⋯⋯⋯⋯⋯⋯⋯⋯⋯⋯ 80
　　第三节　档案资源多元化利用 ⋯⋯⋯⋯⋯⋯⋯⋯⋯⋯⋯⋯ 85

第五章 数字化档案资源建设的实现路径…………………… 93
　　第一节 建立档案数据库………………………………… 93
　　第二节 建设数字档案馆………………………………… 100

参考文献……………………………………………………… 127

第一章　档案数字化概述

　　档案数字化是数字档案建设最基础的工作,传统载体的档案经高科技技术加工成数字档案形式,通过局域网、政务网、互联网进行计算机检索、阅读。数字化档案的出现是迎接档案信息服务新环境挑战的必要之举,可以提高管理水平、管理效率,提升档案业务部门的服务水平,为档案内部管理及面向客户服务提供高效率的全面服务。由此可见,档案工作的数字化建设是顺应潮流、适应时代发展的新举措。

第一节　档案数字化的含义与发展历程

一、档案数字化的含义

　　对于档案数字化,有广义和狭义之分。广义的数字化档案,是指通过一定的技术手段,将存储于传统载体上的、以模拟形态存在的档案信息转化为以数字形态存在的、计算机可以识别和处理的信息,并对其进行存储、组织、检索、维护的过程。

　　狭义的档案数字化,又称"数字化加工"或"数字化转换",是指通过一定的技术手段将存储于传统载体上的、以模拟形态存在的档案信息转化为以数字形态存在的、计算机可以识别和处理的信息的过程。[①] 可以转换为数字化信息的档案类型包括纸质档案、照片档案、录音档案、录像档案、缩微胶片等,转换之后的数字信息可以有文本、图形、图像、音频、视频

---

① 赵娜,韩建春,宗黎黎,等.信息化时代的档案管理精要[M].天津:天津科学技术出版社,2018.

等多种媒体形式。

从定义中可以看出，狭义的档案数字化是广义的档案数字化的基础和核心。

二、档案数字化的发展历程

档案是社会重要的信息资源，档案数字化是社会信息化建设的重要部分。20世纪90年代之后，计算机和网络技术在档案行业得到了广泛的应用，极大地促进了档案信息资源的现代化管理和网络化传播与应用，使档案管理向着现代化、数字化建设的方向迅速发展。档案数字化的发展并不是一种简单的行为，而是要经过一个较为漫长的演变过程。在此过程中，将涉及档案信息机构建设、档案数字化的综合管理、档案数字化的基础理论的研究等多方面因素。

根据档案数字化发展的时间顺序，我国的档案数字化建设大体经历了以下几个阶段。

（一）认识与起步探索阶段

世界范围内的档案数字化产生于文档一体化。20世纪80年代中后期，市场经济竞争加剧，各企业为了提高自身的市场竞争力，纷纷采用网络信息技术，开展企业的信息化建设，以提高产品质量、降低生产成本、加速产品流通。到了20世纪90年代，办公自动化系统的研发与实施为企业的高速运转提供了强有力的支持。随着企业信息化的不断发展，大量的企业电子文件（如产品清单、计算机辅助设计等）出现，这些电子文件很难用纸质文件保存，即便可以用纸质文件保存，也不方便使用。此时，档案管理面临着如何接收、保管这些电子文件的严峻挑战。一些企业开始尝试在办公自动化中增加电子归档、电子档案管理等功能，一些档案管理人员开始了解和接触计算机操作，但这只局限于单机操作、机读目录管理，以及手工业务的计算机化。20世纪90年代中期，为了适应我国数字化建设和档案事业发展的实际需要，一些大城市的档案数字化建设工作开始起步。从1992年起，一些市级档案馆开始考虑档案数字化的规划与建设,在充分调查、分析档案部门的业务需要、管理方式、收集的内容、管理的形式、档案的利用情况的基础上,对档案领域计算机应用系统建设工作进行了多方面的设计和规划,并取得了初步成效。由于这个时期全国档案行业的数字化基础设施较为薄弱、应用系统不太完善、档案工作人员知识结构单一等,档案数字化规划的一些初步成果仅停留在计算机辅助手工管理的局部性和探索性研究阶段,档案管理信息系统的应用也局限于单机版、档案卷宗目录数据的管理,以及条件相对优越的小范围的档案馆。总体来说,在这个时期,全国的档案数字化仍然处于尝试性的初级应用阶段,但一些前瞻性的研究工作为档案数字化未来几年的发展奠定了一定的基础。

(二)基础建设与成长阶段

1995年至1999年,我国的档案工作进入了更大范围的基础建设和初步成长阶段。这一阶段档案工作的重点在于数字化基础建设和应用化设计。随着数字化档案建设的飞速发展,国家对数字化档案建设资源的投入不断增加,无形中增强了人们的档案意识,出现了众多的档案管理软件。更可喜的是在互联网上出现了档案网站,各大城市的档案馆随之建立了自己的档案目录数据库查询和检索系统,开始利用局域网提供档案目录信息资源的服务。中华人民共和国国家档案局(以下简称"国家档案局")在1999年发布了《CAD电子文件光盘存储、归档与档案管理要求》,档案信息系统发展成为网络运行模式。尽管如此,这一阶段的档案数字化工作仍然存在着许多不足,具体表现为:①档案数字化的标准还不够明确,档案的规范化程度还相对落后,档案的文件制度还不健全;②档案系统的研发人员与档案系统的使用人员之间还缺乏深层次的交流和沟通;③档案信息系统的研制还处于初步成长与探索阶段;④档案数据信息系统的应用还处于目录数据集中管理与目录数据信息局域网内共享的应用阶段;⑤电子档案文件的收集、整理、保管、利用还未进行更加深入的工作;⑥档案的主管部门还没有把档案数字化工作纳入议事日程,上级主管部门对档案数字化管理的投入力度不够。尽管如此,这一时期的基础建设工作和管理系统的开发利用工作为第十个五年计划(简称"十五")期间全面开展档案的数字化建设工作奠定了良好的硬件基础,为后续的档案数字化建设积累了宝贵的经验,同时培养了档案数字化建设的使用人才和管理队伍。

(三)发展与应用阶段

到了 21 世纪,社会各行各业的数字化建设进入了发展和应用阶段,特别是我国的电子政务进入实质性的运行阶段后,档案的数字化建设进入了发展和应用阶段。国家档案局从 2000 年起将加快档案数字化建设列为全国档案事业发展"十五"计划的一项重要内容。到"十五"计划末期,全国除省级综合档案馆外,市、县、区档案馆建立了局域网并与当地政务网连通,重要档案馆实现了重要全宗纸质档案和照片、录音、录像档案的数字化。

这一时期全国的档案事业取得了长足发展,主要表现在以档案信息资源的开发利用为目的开展档案的数字化建设,编制了相关的档案数字化规范标准并予以实施。在国家档案局的带领下,全国档案系统掀起了开展档案数字化建设的科研工作的浪潮,探索出了许多加快档案数字化建设的新方法,也研究出了部分具有实际应用价值的可行性科研成果。与此同时,馆藏档案数字化加工、档案数字化服务利用等工作普遍开展起来,电子文件归档和归档后的电子档案的管理系统也逐步建立起来,一些条件比较好的单位已经开始探索 AMIS[①] 系统的智能客户端运行模式。此外,国家档案局制定并颁布了一系列的规范,如《电子文件归档与电子档案管理规范》《电子档案管理系统基本功能规定》,各省、自治区、直辖市根据当地的实际情况和发展特点也制定了相应的规范及实施方法。这充分体现了国家主管部门对档案工作的重视,为推动我国档案事业的可持续发展创造了有利条件。

---

① AMIS(Advanced Mobile Information System)是一种基于移动网络的通信系统,它可以将移动网络和其他网络结合在一起,从而实现实时的通信服务。

总的来说,档案数字化发展经历了以上三个发展时期,但每一个机构在开展档案数字化建设的过程中都有不同的经历。相对来说,起步较晚的一些档案馆在充分认识到档案数字化的重要性和时效性以后,积极采取了一系列行动,如加快体制改革、更新管理理念、优化业务流程、规范管理工作、准备基础数据、引进复合型人才、加大投资力度等,努力实现档案数字化的跨越式发展,形成档案数字化建设与发展的新局面,有力地推动档案数字化建设的发展。

第二节 档案数字化的重要性与必要性

一、档案数字化的重要性

(一)能够实现资源的高度共享

传统的档案管理多为纸质档案,查阅档案必须去档案管理机构,不仅使用不便,资源管理、档案资源的传递与共享也很困难。在档案数字化条件下,通过扫描、转化等技术手段把纸质文件、照片、音频等各种载体的原始档案资料转化为电子资源,同时建立档案管理数据库,将这些电子资源统一进行保存、管理,并将其纳入档案机构局域网的建设中,结合办公自动化系统、ERP系统等信息系统,建立文档一体化管理体系和授权查阅机制,让档案管理人员结合自身的管理职责及设置在档案管理系统中的权限申请查阅所需的资料,从而达到简化工作流程、实现档案管理使用一体化的目的。同时,各档案管理机构还可以通过共享平台来完善现有的档案资料,提高资源的完整性,实现资源的高度共享。[1]

(二)能够提高档案机构的工作效率

传统的档案管理都是由工作人员亲自操作的,存在工作效率低、人工

---

[1] 赵旭.档案管理现状的研究与分析[M].天津:天津科学技术出版社,2018.

查询慢、占用空间大的缺点。随着时间的推移,传统纸质档案容易受潮和变质,在传送和利用的过程中,还可能破损或丢失,而且对这类档案的修复和补救工作也较为困难。档案数字化可以解决这些问题,采用数字化手段,能够有效提高工作效率,减少繁重的手工劳动。档案的数字化存储为档案信息保存的持久性提供了保障,也使得信息保存不再受时间的限制。

(三)能够保障管理的安全性和保密性

对于国家和社会的发展来说,档案是重要的信息资源,直接影响社会的进步与发展,档案一旦丢失或被破坏,往往会造成无法挽回的损失。采用数字化管理手段,能够有效地加强信息的安全性与保密性,可以随时随地进行信息的检查,确保信息的安全。

(四)能够促进社会的文化繁荣

随着社会文明程度的不断提高,人们除了重视物质生活的质量,还十分重视精神生活的质量。在物质文明达到一定程度之后,社会公众对于精神生活的追求就成为生活中不可缺少的部分,成为现代文明生活的标志。

档案数字化为实现社会共享档案馆所保存的丰富的档案资源创造了条件,提供了更多的可能性。档案馆以其独特的具有重要价值的信息资源主动服务于民,为自身的发展开辟了更加广阔的前景。数字化的档案资源和快捷的网络系统拓展了档案馆的文化空间。同时,档案信息资源的利用具有互动性、亲和性等特点,使得作为公益性文化事业有机组成部分的档案馆具有全民性和健康文化的导向性特点。它的存在和发展对于满足人民日益增长的物质文化生活的需要、繁荣社会文化具有积极的促进作用。

二、数字化档案的必要性

(一)数字化档案是社会发展的需要

档案中包含了大量原始凭证,是最真实、最可靠、最具说服力的历史记录,也是国家信息资源的重要组成部分,具有不可估量的社会经济价值。如今,公众对档案信息的需求量不断增加,人们越来越关注档案信息获取的时效性和便捷性,而计算机技术和网络技术的出现使得社会大众更加方便快捷地利用档案资源成为可能。电子档案相比传统档案载体来说,既方便获取,又不会对档案原件造成损坏。档案部门只有尽快改变传统的管理、检索和利用方式,实现档案数字化,才能及时、准确地为社会各界提供服务,进一步实现档案信息资源的共享。

(二)数字化档案是档案工作发展的必然趋势

数字化档案是档案工作发展的必然趋势,这是由电子档案本身的特点决定的。传统的纸质档案载体容量非常有限且成本偏高,而电子档案的载体容量很大,可以节约大量成本和档案保存空间;纸质档案一旦遭到破坏,便很难恢复,而电子档案具有容易备份的特点,可以通过保留多份备份文件来避免档案受损;在利用纸质档案时,有时需要翻阅几十卷甚至几百卷的档案,工作十分繁重,而在利用电子档案时,只需使用计算机,就可以在几秒钟内检索到所需的内容,十分方便;纸质档案只能复印历史记录,无法满足编辑处理需求,而对电子档案可以利用先进设备和技术进行处理,达到编辑的目的。

(三)数字化档案是开发和利用档案信息资源的基础

想要有效地开发利用档案信息资源,就必须实现档案的数字化。通过档案数字化,可以建立全新的档案信息资源利用网络体系,可以确保档案信息资源开发和利用的准确性和时效性,可以克服地域限制,实现大范围内档案信息资源的利用和服务。

总之,随着信息社会的飞速发展,人们对档案信息资源的利用越来越频繁。只有实现档案数字化,才能最大限度地开发与利用好档案信息资源,才能使档案工作与社会经济同步发展,更好地为经济社会发展服务。

第三节　档案数字化的业务流程

按照工作内容划分,档案数字化的业务流程可以分为档案数字化信息资源建设流程和档案数字化业务外包流程两个方面。

一、档案数字化信息资源建设流程

(一)预处理

预处理又称为"前处理",是档案数字化信息资源建设的第一步,主要内容包括鉴选、清点、登记、整理、清洁、修复等。鉴选是指依据档案数字化的目的,按照一定的原则和方法对数字化对象加以鉴定、选择,只有符合要求的实体档案,才有必要进行数字化转换。确定要数字化的对象后,应对其规格、数量进行清点、登记,并开展必要的整理、清洁和修复工作,使得数字化的实体档案及其目录有序化,为下一步的数字化转换提供规范的目录数据和可直接进行数字化加工的实体。具体工作内容包括目录的规范、补全、修正,以及档案实体的扫灰、除虫、拆卷、分类、修复等。对于老旧的录音、录像磁带,数字化加工之前也应进行修复处理。

(二)数字化加工/转换

数字化加工/转换即通过模数转换技术和设备将记录在传统载体上的档案信息转换为以数字形式表示的信息资源。实体档案的类型不同,其数字化加工使用的模数转换技术和设备也不同。纸质档案、照片主要采用扫描仪、数码相机等设备加以扫描或拍照;缩微胶片主要采用缩微胶片扫描仪加以扫描;录音档案的数字化设备主要是音频采集卡;录像档案的数字化设备则是视频采集卡;录音、录像的输出设备通过特定的视频音频传输线与视频音频采集卡相连,再将视频音频采集卡安装在计算机上。

这一步骤的关键问题在于数字档案技术参数的选择。在选择数字档案技术参数时,应兼顾三个方面的需求:第一,原始信息的保真,数字信息应尽可能清晰、准确地再现档案原件的面貌；第二，用户利用的便利，数字信息应便于传输、浏览，可满足不同用户的操作要求；第三，档案原件的保护，数字化加工过程要保证档案原件，尤其是濒危档案不被损坏。这些方面的需求可能是矛盾的，例如：从存档的角度来看，要求数字失真程度低，失真程度越低的计算机文件容量越大；从利用的角度来看，容量大的文件传输速度慢。积极吸纳国际、国内成熟稳定的标准规范、指南、手册的规定和建议，切实把握档案数字化信息资源利用和管理的需求，将有助于提高档案数字化的水平。

（三）信息处理

信息处理是指对数字化所得的图像、多媒体信息加以处理，使其符合利用需求。具体的工作内容包括核对（对照原始档案进行）、压缩、去边、去污、去噪、去干扰，采用光学符号识别技术对图像中的文字加以识别，通过语音识别技术对录音中的声音进行文字记录。在需要的情况下，还可嵌入数字水印，以保护数字化档案资源的知识产权。

（四）信息组织

信息组织负责建立机读目录和索引，创建目录、全文、多媒体等数据库，并将数字化信息（图像、原文、音频、视频等）与目录、索引信息加以挂接。

著录是档案质量控制的手段，机读目录的著录质量关系到数字化档案信息检查和维护工作的难易，历来都是理论和实践关注的重点，著录标准化更是重中之重。若在数字化加工之前已建有机读目录，则需要补充一些必要的著录项目，如档案数字化信息资源的计算机文件名、存储位置、格式等；还可能需要修正完善一些必要的著录项目，如关键词、摘要等。对于有研究价值的历史档案信息，这个阶段还需要开展必要的研究工作，如对原文中人名、地名信息的考证，同时应将考证结果和考证依据资料一并予以著录。

（五）信息存储

信息存储是指为数字化档案及其目录信息选择恰当的存储介质、存储方式和存储架构。档案数字化信息资源的存储要求、方法与电子文件的存储要求、方法基本一致。

(六)信息服务

便于传输、利用是数字信息的一大特点,在更大范围内为更多用户提供及时、满意的服务也是档案数字化的根本动力。具体利用方式要视馆藏的具体情况而定。综合档案馆的数字化馆藏,凡属于公开范围的,宜通过互联网网站的方式对外发布,提供在线利用服务;档案室的数字化信息则宜通过内部网络为内部用户所共享;负有公共服务职责的机构,也应考虑通过在线查询、就地阅览等方式的综合应用为公众提供服务。[1]

目前,国内外很多数字影像的在线服务方式是提供免费的在线目录检索和小尺寸、低分辨率图像的浏览服务,而原始尺寸、高分辨率的影像,则需要申请付费使用。其实,数字化手段在很大程度上提高了档案馆的服务能力和响应速度,一些档案馆已经接近或达到商业机构的服务水准。

二、档案数字化业务外包流程

(一)工作量估算

业务范围的确定是档案数字化业务外包的第一步,哪些档案数字化业务可以拿出去外包生产、具体工作量如何估算等,直接关系到外包过程中风险防范、安全监测、人员安排、投资估算等重要环节。首先,档案部门应制定档案数字化外包加工的相关安全管理制度,按照这一制度,明确馆(室)藏档案中可以开展档案数字化外包业务的范围。其次,在确定档案数字化外包业务范围的基础上,估算出档案数字化外包业务的数量。

(二)鉴定整理

鉴定整理是确保档案数字化工作质量的基础环节。档案部门实施档案数字化业务外包之前,应明确是由档案部门自行开展档案的鉴定,还是

---

[1] 毕然,严梓伲,谭小勤.信息化时代企业档案管理创新性研究[M].北京:新华出版社,2022.

由外包商承接从鉴定整理开始直至数据安全移交的整个工作。由于档案的鉴定整理是一项专业性较强的工作,建议由档案部门自行开展,同时规划好档案部门与外包商之间的业务衔接,把握好流程管理、质量监控等环节,以达到较好的效果。

(三)经费预算

经费预算是档案数字化外包加工组织的重要环节,其关系到能否开展这项业务、如何开展、由谁来开展,以及开展这项业务时间的长短等。外包商的报价是否合理,档案部门作为外包业务的发起人怎样才能准确地做好投资估算并合理地使用资金,这些都是档案部门进行档案数字化业务外包时所面临的具体问题。档案数字化业务外包的经费预算与一般的设备招标、工程招标不同,由于需要数字化外包的档案往往是海量的,具体的工作量一般由估算而来。

(四)合同洽商

合同洽商应建立在双方平等和相互信任的基础上,注重细节、分清责任。作为档案数字化外包业务的委托方和受托方,档案部门和外包商首先要明确委托事项,同时档案部门应明确档案数字化质量要求及验收标准,提供相关依据性文件;双方应就档案数字化成果的移交和经费的结算要求做具体的说明;要明确委托方的权利与义务、受托方的权利与义务、双方共同的权利与义务,规定违约责任;协商合同终止、修改和争议解决的具体办法和途径;等等。

(五)安全保障

档案是国家珍贵的财富,是不可再生资源,各级档案部门肩负着档案安全管理的重大责任。当档案部门决定实施档案数字化业务外包时,最大的风险不在于资金、期限、合作纠纷等,而在于因工作人员的责任心不强、加工方式不当造成的档案毁损,以及因管理不善造成的档案流失。对此,档案部门应事先制定各种载体档案的数字化技术标准、操作规程、产品质量标准、管理制度等依据性文件,在与外包商洽谈时,以此为依据,要求其严格遵守并写入合同,要明确违约的法律责任,甚至有必要另外签署一份安全保密协议。此外,档案部门还必须指派本单位的专业人员参与档案数字化外包业务的流程管理和现场业务指导,这是保障档案安全另一项必不可少的重要措施。

(六)数据接收

在数据接收阶段,最重要的是做好档案数据的质量检查和项目验收。保证档案数字化成果质量的前提是档案部门必须有健全的档案数字化质量保障体系,即制定严格的档案数字化成果验收标准,配备专门的验收人员,执行严格的数据审批和移交接收程序。验收合格的数据应按有关标准和档案部门的具体要求做好多重备份,检查无误后办理移交接收手续。从档案安全的角度来说,做好数据的接收是安全保障的最后一个环节。档案部门在安全、完整、有效地接收外包商移交的质量合格的档案数字化成果的同时,要做好外包商方面的数据彻底清除和销毁的安全监管工作,保证档案数据无遗漏、不流失。

第二章　档案数字化管理

第一节　纸质档案的数字化管理

一、纸质档案的数字化

(一)纸质档案数字化的技术模式

1.目录数据与全文图像分体方式。文件的目录数据和全文图像是分开存储的:目录信息被存储在目录数据库中;全文图像是以文件的方式,根据既定的存储和命名规则,被保存在文件服务器上。在目录数据库中,有一个字段专门用于保存与全文图像相对应的存储路径。当目录数据库中的文件记录被检索出来后,可以通过这些存储路径来链接和展示该文件的全文数字图像。此种分体存储方式有效地缩小了目录数据库的规模,加快了目录数据库的处理速度,以及数据查找和更新的速度,并确保了数据库运行的稳定性;其不足之处在于地址链接容易产生错误。数据的挂接过程会消耗大量精力,备份过程也相对复杂,因此需要借助软件来确保全文图像与目录数据库的备份一致性,这也使得程序的编写变得更为烦琐。

2.目录数据与全文图像一体方式。文件的目录数据与全文图像作为一条记录存放在同一数据库中,即将档案的数字图像作为文件记录的一个字段(大对象数据项)直接存储到数据库中。[1]

---

[1] 杨学锋.现代化档案管理与服务研究[M].北京:中国商务出版社,2018.

3. OCR 全文与目录数据合一、图像分体方式。为了能够全文检索档案内容,许多应用系统在扫描清晰纸质文件的数字图像时,还会采用 OCR(Optical Character Recognition,光学字符识别)技术将扫描后的图像文件转化为文本文件,从而建立文本和图像页面之间的对应关系。在使用过程中,配备了全文检索功能的系统能够对存储在其中的文本文件进行逐字和逐词的全文检索(即基于文件内容的检索),一旦找到所需的内容,系统会重新查看与该文本内容相对应的图像页面(即扫描图像),以便查看档案文件的原始状态。经 OCR 处理后的文本全文可以作为不定长字符型字段附加在相应文件的目录数据之后,以供档案管理系统对该文件进行自动标引和全文检索。除了全文检索,这种方法的另一个显著优势是能够自动或半自动地对存储的档案文件进行标引,从而极大地减轻了标引工作的负担;其不足之处在于成本相对较高,因此需要开发全文检索的软件工具。

(二)纸质档案数字化的工作流程

1. 档案整理

(1)检查案卷文件及其目录数据质量

在进行档案扫描之前,整理团队首先根据预定的扫描计划和工作流程,以一定数量的文件为一个批次,从档案库房中提取所需的档案,并对案卷的完整性进行检查。同时,根据《档案著录规则》等相关规定,对档案目录的内容进行规范,具体包括确定目录中的著录项、字段的长度和内容要求,对有错误或不规范的案卷题名、文件名、责任者、起止页号和页数等进行修改。

(2)拆除装订

如果不拆除装订物,可能会妨碍扫描任务的进行。装订物的拆除包括但不限于起订、拆卷和撕开粘贴页,以便将档案文件以散张的方式储存。在拆卸装订物的过程中,必须确保档案不被损坏。

(3)区分扫描件和非扫描件

在进行拆分之前,务必检查文件内的页号是否齐全且正确,一旦发现错误,应立即进行纠正,避免档案文件的遗失或排序错误。接下来,从所选页面中筛选出需要进行扫描的部分,然后重新编制需要扫描的页面编号,两个页号通过使用不同的铅笔颜色或位置来区分,以确保在恢复档案时能够清晰地区分和核实页面数量。之后,将同一文件中的扫描部分和非扫描部分进行区分,并根据扫描完成后的电子文件的组织方式进行重新分类,以便进行大规模扫描。

(4)页面修整

破损严重、无法直接进行扫描的文件,应先进行技术修复。因褶皱不平而影响扫描质量的原件,要先进行相应处理(压平或熨平),再进行扫描。

(5)档案交付

登记分类整理后的档案按顺序交付扫描人员,交接时填写纸质档案数字化加工过程交接登记表单,详细记录档案整理后每份文件的起始页号和页数,由交接双方签字。

(6)装订

扫描工作完成后,拆除过装订物的档案应按档案保管的要求重新装订。恢复装订时,注意保持档案的排列顺序不变,做到安全、准确、无遗漏。

2. 档案扫描

(1)扫描方式

在进行扫描前,应根据预定扫描文件的质量和扫描速度的具体需求,选择使用自动进纸扫描或者平板扫描。在自动进纸扫描仪内,文件需要与扫描仪的滚动轴同步滚动,以完成整个扫描流程;平板扫描仪的工作原理是将文件固定在一个静态的稿台上,通过感光鼓的移动来完成整个扫描流程。虽然这两种扫描方法生成的图像文件是一样的,但在扫描速度和对文件纸张质量的要求方面存在很大的差异。自动进纸扫描仪的速度比平板扫描仪的速度快得多。

(2)扫描色彩模式

第一,黑白二值扫描,又称"单色扫描"。采用这种扫描模式得到的图像仅分为黑和白两个灰度级别,也就是说,每一个像素要么是黑色,要么是白色,没有彩色或者中间色(灰色)显示。黑白二值扫描在展示照片图像方面表现不佳。对于学籍登记册、婚姻登记表等相关证件档案,由于其上附有身份照片并且尺寸相对较小,使用黑白二值扫描很难准确识别,因此不建议使用。

第二,灰度扫描。这种扫描模式生成的图像不仅包含黑、白两色像素,还包括黑白之间的中间色(灰色)像素,这使得它能够更精确地展示图文的明暗变化和内容细节,但是它占用的存储空间远大于黑白二值扫描图像。灰度扫描适用于那些存在明暗差异、字迹不清晰或包含插图照片的黑白档案的数字化处理。对于一些历史悠久的档案,由于其纸张已经发黄,文件的底色与上面所记载的文字内容之间的对比变得不明显,尽管这类档案没有照片,但仍然建议使用灰度扫描。

第三,彩色扫描。通过彩色扫描生成的图像文件是彩色的,能够详尽地展示档案的整体结构和细节内容。由于彩色扫描生成的图像需要大量的存储空间,在进行档案数字化扫描的过程中,除非有特殊的需求,通常不建议将纸质档案扫描成彩色的图像文件。

(3)扫描色彩位数

在进行彩色或灰度的扫描过程中,还需确定具体的色彩位数或灰度等级。色彩位数或灰度等级越高,所代表的颜色(或灰度)的种类就越多样,越趋近于自然色。对纸质档案来说,普通的文稿或图片质量通常不会特别高,即便使用高色彩位数扫描,效果也不会有太大的提升,反而会使文件的大小呈等比数列增加。

(4)扫描分辨率

在扫描过程中,分辨率被视为最关键的参数,它代表单位长度内的图像点数或像素数量,通常以每英寸点数来表示。图像的清晰度随着分辨率的提高而提高,但这也意味着需要更多的存储空间。当分辨率降低时,图像的细节部分会失真,同时所需的存储空间也会相应减少。因此,在确定扫描的分辨率时,需要在图像的清晰度与其所需的存储空间之间找到一个平衡点，基本上应该确保扫描后的图像既清晰又完整，同时不会对图像的使用效果产生负面影响。

（5）亮度

亮度是在扫描完成后调节图像明暗效果的一个特定指标。图像的亮度越高，其清晰度就越高；当亮度降低时，所呈现的图像会变得更加昏暗。亮度值直接影响到生成的图像文件的清晰度，并进一步决定了OCR识别的准确性。

当使用灰度或彩色扫描时，生成的图像文件在后续仍可以通过图像处理软件进行亮度的调整。但如果选择黑白二值扫描，扫描时确定适当的亮度变得尤为关键。这不仅可以使白底黑字的文件更为清晰，还可以通过亮度调整来修正文件原文在黑白对比上的不足。

（6）扫描登记

完成扫描后，务必仔细填写纸质档案数字化处理过程中的交接登记表格，记录扫描的页面数量，并核实每一份文件的实际扫描页面与档案整理时所填写的页面数量是否相符，如有不一致之处，应注明具体的原因和处理方式。

3. 图像处理

（1）图像数据质量检查

在检查图像的偏斜度、清晰度和失真度时，如果发现它们不满足图像的质量标准，就需要进行相应的图像处理。如果操作不恰当，导致扫描得到的图像不是完整的或无法被清晰地识别，就需要重新进行扫描。一旦发现文件有遗漏，应立即进行补扫并准确地插入相应的图像。当发现扫描得到的图像顺序与原始档案不一致时，应及时做出调整。与此同时，务必仔细完成相关表格的填写，并对质量检查的结果和处理意见进行记录。

（2）纠偏与图像拼接

如果扫描操作出现错误，导致图像颠倒，或者在扫描过程中因送纸没有完全垂直，导致图像文件产生偏斜，就需要进行旋转还原和纠偏处理。由于大幅面档案进行分区扫描，生成了多张图像，因此需要将这些图像进行拼接处理，最终将它们合并成一个完整的图像。

（3）去污

对于图像页面中可能影响图像质量的各种杂质，如黑点、黑线、黑框等，应使用系统提供的专用工具进行去污处理。在处理档案的过程中，应当在遵循"在不损害其可理解性的情况下呈现档案的原始面貌"这一原则的条件下，使用图像处理技术来修复原始文件保护不当导致的明显缺陷，如文件上的污渍、斑点或褐斑等。

（4）裁边处理

当图像文件因黑框或多余的白边影响其外观时，应进行恰当的裁剪，特别是对于使用彩色模式扫描的图像，这样可以确保图像与档案文件的真实边缘一致，并有效地减少图像文件的存储容量，节约存储空间。

（5）色彩调整

色彩调整的目的是让输入的图像更接近原始档案中的图文色彩，或者在不损害图像原真性的情况下，对图文色彩的失真进行修正。色彩的调节是一个相当复杂的过程，涉及调整各种颜色通道的色阶、色调的变化、色调区域的平衡、色相的调整以及对比度的调整等多种策略。只有在绝对必要的情况下，才会进行色彩的调整。

4. 图像存储

档案文件经过扫描和图像处理后必须以一定的方式存储，这一环节的主要任务是合理选择图像文件的存储格式和有效标识存储图像文件。

（1）存储格式

纸质档案数字化后会产生大量的图像文件，数据量极大，因此图像的压缩变得尤为关键。图像压缩是一种在确保图像质量不受影响的情况下，运用某种数学运算方法来最大程度地减少图像数据量的方法，可分为无损压缩和有损压缩两大类。无损压缩不会损害原始图像的信息，并且压缩后的图像可以通过相应的恢复算法进行准确的复原；有损压缩是在图像质量达到可接受标准的前提下，对图像实施不可逆的压缩处理。与无损压缩相比，有损压缩具有更高的压缩比，因此压缩后的图像数据量更小,更适合在线传输。

(2)分层设定图像文件格式

在数字资源存储规范方面,图书情报界已经付出了大量努力,并对数字资源文件格式的选择提出了一系列具有前瞻性、操作性和标准性的要求,这些要求具有积极的意义,档案界应该与图书情报界合作,共同制定适用于多方的共享标准。在讨论数字化文献的文件格式时,对于图书和情报领域的建议是,根据数字图像的使用目的和环境,将其应用分为三个层次,即存储层、网络层、索引层,并分层设置数字化图像的格式规范。

(3)图像文件的命名

在纸质档案目录数据库里,每一个文件都拥有一个独特的编号,这个编号被用来为扫描后的图像文件命名。对于多页的文件,可以使用这个档号来创建对应的文件夹,并按照页码的顺序为图像文件命名。

5. 目录建库

目录数据库的构建与档案的数字化进程是紧密相连的,在多数场合下,二者是同步进行的。目录数据库的质量直接影响数字化资源的使用和管理效率,因此,在数字化的过程中,目录建库及其质量的核查被视作一个单独的步骤,有着严格的标准。录入数据的质量需要通过手工校验或软件自动校验的方式来确保,对于著录项是否齐全,以及著录的内容是否规范和准确,都需要进行细致的检查。

6. 数据挂接

(1)数据关联

以纸质档案目录数据库为依据,将每一份纸质档案扫描得到的一个或多个图像保存为一个图像文件。在将图像文件保存到相应的文件夹中时,务必仔细检查每一个图像文件的名称是否与档案目录数据库中的文件档号一致、图像文件的页数是否与档案目录数据库中的文件页数相匹配,以及图像文件的总数是否与目录数据库中的文件总数一致。通过确保每一份图像文件的文件名与档案目录数据库中该文件的档号具有一致性和唯一性,可以建立相应的关联关系,从而为实现档案目录数据库与图像文件的批量挂接提供必要的条件。

(2)交接登记

在纸质档案的数字化转换过程中,需要填写交接登记表,记录数据关联后的页数,并核实每一份文件关联后的页数是否与档案整理、扫描时填写的页数一致,如果不一致,应注明具体的原因和处理方法。

(3)汇总挂接

在档案数字化转换的过程中,生成的目录数据库和图像数据在经过质量检查被确认为合格后应立即通过网络加载到数据服务器进行汇总。通过编制程序或使用相关软件,可以实现目录数据对相关数字图像的自动搜索、添加相应的电子地址信息等,从而实现批量和快速的数据挂接。

7. 数据验收

数据验收是档案数字化质量控制的关键环节。必须通过随机抽查的方法来检验所有已经完成数字化转换的数据,包括目录数据库、图像文件,以及数据挂接的整体质量。对于一个全宗的档案,在数据验收过程中,抽查的比例至少应为5%。当目录数据库与图像文件之间的连接出现错误,或者目录数据库与图像文件存在不完整、模糊、有错误等质量问题时,抽查标记为不合格。对于一个全宗的档案,其数字化转换质量的抽检合格率必须达到95%才可验收"通过"。

8. 数据备份

经过验收并确认为合格的完整数据,需要立刻备份。为了确保数据的安全性,应该选择多种备份载体,可以使用在线和离线相结合的方式来实现多套备份,并在不同地点进行保存。在备份数据时,还需要进行一系列检查,包括但不限于备份数据是否可以被打开、数据信息是否齐全,以及文件数量是否准确无误等。数据备份完成后,应在对应的备份介质上贴上标签,方便后续的查找和管理工作。在进行数据备份时,还需要填写纸质档案数字化备份管理登记表。

9. 成果管理

需要加强对数字化档案数据的存储和使用管理,确保它们的安全性、完整性，以及长期的可用性。当档案的数字化成果被用于在线检索时，需要创建单位的电子标识，并根据实际需求选择可下载或不可下载的数据格式。

二、纸质档案数字化系统的基本结构

（一）扫描仪

1. 扫描仪的种类

根据扫描的基本原理，扫描仪可以分为平面扫描仪和滚筒式扫描仪两大类。平面扫描仪采用了光电耦合器件（Charge-coupled Device，CCD），一般用于扫描常规幅面的档案；滚筒式扫描仪采用了光电倍增管技术，其性能超越了CCD类型的扫描仪，因此它主要被用于大幅面图文的扫描，尤其是大幅面工程图纸。扫描仪还可以分为单面扫描和双面扫描。双面扫描设备能够在一次扫描中同时扫描文件的正面和反面内容。档案馆应根据实际需求来决定是否需要安装双面扫描设备。

2. 扫描速度

对于档案馆来说，扫描速度这一指标尤为关键，因为档案馆内藏有大量档案，而高速扫描技术能够显著提升工作效率并减少档案数字化所需的时间。根据扫描的速度，扫描仪可以分为中、高速的自动进纸扫描仪和低速的平台扫描仪。高速自动进纸扫描仪的扫描速度可达每分钟几十甚至几百张纸。

3. 扫描仪的光学分辨率

扫描仪的分辨率是衡量其精度的关键指标，反映了扫描仪对图像细节的呈现能力，并通过在每英寸长度上扫描图像中的像素点的数量来进行表示。扫描仪具有两个不同的分辨率选项：一是光学分辨率，二是插值分辨率。扫描仪的光学分辨率代表了其实际的分辨率，是决定图像清晰度和锐利度的关键指标；插值分辨率是通过软件运算来提升分辨率而得到的数值，也被称为软件增强的分辨率。

4. 色彩位数

扫描仪的色彩位数越高,它所能展现的颜色就越丰富,产生的图像也更为逼真。如今,30 位、36 位、42 位的色彩扫描仪逐渐在市场上崭露头角,成为主导产品。扫描仪的色彩位数并不是越高越理想,过高的色彩位数不仅会增加扫描仪的成本,还会导致生成的文件占用大量硬盘空间,并相应地增加扫描所需的时间。使用 30 位色彩的扫描仪对普通档案进行扫描已经足够了。

5. 动态密度范围

扫描仪能够检测到的最浅和最深颜色之间的差异,可以通过动态密度范围来表示。扫描仪所能捕捉到的可视细节越丰富,其再现色彩微妙变化的能力就越强。常规的平板扫描设备密度范围为 2.4～3.5,能够满足常规档案的数字化需求。对于用于扫描工程图纸的滚筒式扫描仪,其动态密度范围的要求较高。通常情况下,滚筒扫描仪的密度范围大于 3.5,这样能更好地识别图像中的细微层次变化。

6. 扫描仪接口方式

接口指扫描仪与电脑的连接方式,常见的有 EPP 接口、USB 接口、SCSI 接口等。EPP 即打印机端口,其最大特点是方便,对计算机要求低,且现在的加强 EPP 接口和 USB 接口、SCSI 接口的速度已经很接近,但扫描质量较差。USB 接口速度较快,安装方便,可以带电拔插,但对主板质量要求高。SCSI 接口数据传输速度快,兼容性高,支持带电拔插,但对线缆和连接器要求高,技术更新相对较慢。

7. 随机软件、资料

扫描仪的功能要通过相应的软件来实现,除驱动程序和扫描操作界面以外,几乎每一款扫描仪都会随机器赠送一些图像编辑、OCR 文字识别等软件。不同扫描仪的配套软件不一样,选购扫描仪时要关注配套软件的类型及其说明材料。

(二)计算机

计算机被视为档案数字化过程中的核心设备。整个数字化系统的运行管理需要一台服务器来管理，这对服务器的性能有很高的要求，服务器需要有较大的存储容量和较快的运行速度。具体的配置可以根据数字化系统的规模来决定，可以购买专用服务器，也可以用高配置的计算机来替代。理想的配置包括双 CPU 处理器、大容量内存、热插式硬盘驱动器、SCSI 硬盘和集成 RAID 控制器等。

（三）信息存储设备

海量的存储技术是存储大量档案图文信息的必要条件。经过数字化处理后，档案信息可以通过在线、近线和离线三种途径进行存储，这三种方式分别适用于网络数据共享备份等不同场景。常用的信息存储设备主要有：硬盘驱动器、光盘驱动器、固态硬盘、闪存盘等。此外，除常见的信息存储设备外，云存储也是一种在线存储服务。

三、纸质档案数字化系统

（一）软件配置

纸质档案数字化系统所需的软件主要分为两大类：一是系统软件，二是应用软件。系统软件涵盖了操作系统、数据库管理系统等多个平台。应用程序是基于前述的软硬件平台开发的，主要用于数字化流程中文档扫描、图像处理和数据存储等。这些软件程序可以在市场上购买，或者随硬件设备配送获得。对于大量纸质档案的数字化处理，仅依赖这些分散的、专用的工具软件是不够的，必须采用系统集成的方法，将整个数字化流程整合为一个统一的制作和加工系统，开发专门的纸质档案数字化制作软件系统，以实现档案数字化加工的流水线制作和规模化管理。

（二）基本要求

纸质档案数字化制作系统实际上是一种专门用于批量处理纸质档案的数字化管理集成软件。对该系统的要求包括：①适应各种规模的生产环境，开发不同的版本；②适应各种纸张类型，并与不同级别的扫描工具兼容；③具有较强的扫描输入与图像处理能力；④提供全面的质量保证和工序流程管理，实现生产过程的标准化和规范化；⑤采用先进的软件开发方法和工具;⑥依托大规模的数据库管理平台;⑦客户端浏览器能够兼容绝大部分的标准图像和文本格式,经过系统认证的合法用户可以直接访问服务器,并从中提取数据和图像,同时用户还能通过浏览器对这些图像执行放大、缩小、旋转、反色和自动播放等多种操作;⑧利用多层次的安全防护措施,最大限度地利用大型数据库管理系统的安全防护功能,在后台对所有数据操作进行实时监控,防止非法用户对数据系统造成破坏。

(三)纸质档案数字化制作软件系统的功能模块

1. 认证注册子系统

考虑到档案数字化任务的独特性和多台电脑同步运行时的追踪管理需求,网络版的档案数字化制作系统应当采用科学的加密认证措施,并具备网络注册认证功能,以确保只有合法用户才能够登录并合理利用系统资源。

2. 原文扫描子系统

该模块负责执行系统的核心功能,也就是对原文进行扫描。该系统配备了扫描仪和数字相机接口,能够直接获取来自外部的数据信息。一般来说,该系统具备支持基于TWAIN协议的各类扫描设备的能力。

3. 图像编辑子系统

该子系统的核心职责是对图像进行各种处理。在多机器操作的场景中,该系统应当能够处理网络服务器的文件,并对已经处理过的文件进行标记,这样可以更有效地进行任务分配和合作。完备的图像编辑子系统具备的特点有:①能够支持几何图形绘制,如绘制矩形或直线等;②允许在文本中加入注释;③能够进行图像局部的剪切、复制和粘贴操作;④能够进行图像的形态学运算、几何运算、点运算等多种图像的特殊效果操作;⑤支持旋转修正、去除黑色边缘、自动去污等;⑥支持将不同颜色的图片进行互相转化;⑦支持将不同格式的图像进行互相转换;⑧支持对图像颜色进行局部处理;⑨兼容OCR技术。

4. 消蓝去污子系统

该子系统旨在通过调整图像的背景颜色和亮度来提升图像的质量,实现"复旧如新"的效果,通常被称为"消蓝去污"。该系统主要用于处理那些由于年代久远或保管不当而在档案表面出现的发黄、变旧、生霉、水渍等问题的老档案。该子系统的主要功能有：①支持图像的局部处理，增强图像的局部效果；②可以实现将灰黑模糊的档案原件凸显调整成字迹明显、基本无污点的效果；③在关闭或保存当前文件之前，能够恢复所有的更改；④处理过的图像文件具有高缩比。

5.图像拼接子系统

由于扫描设备的幅面限制，一些小型的扫描设备无法直接处理大幅面的档案原件，因此需要采用局部扫描和后续拼接的处理工艺。图像拼接子系统的核心功能包括实现从左到右的拼接、从上到下的拼接以及连续的拼接操作。

6.档案查询子系统

档案查询子系统即浏览器，用以实现快速检索数字档案并进行图像查看。该子系统的设计结构为：左侧视图使用树状结构来展示查询结果的目录树，有助于快速定位并获取相关的级属关系；右侧视图使用显示控件来展示查询结果的特定页面，并通过多线程的设计来实现实时下载和展示；左侧视图能够展示隐藏信息；右侧视图所展示的图像具备缩放、旋转、全屏展示和翻页等多种功能，用户还可以基于自己的权限选择是否将其打印或存储到本地。

第二节　照片和音频档案的数字化管理

一、照片档案的数字化

(一)照片档案数字化对象的选择

完整的照片档案包括底片、相片和文字说明三部分，其中相片是由底片冲印得到的"复制件"。照片档案的数字化究竟选择底片还是一般相片作为扫描对象，需要进行研究。

1.底片

把底片作为扫描的母版，图像的质量较好，因为底片是银盐胶片，其图像的分辨率和密度远高于相片,耐久性和稳定性也比相片更好,用它作为母版扫描得到的图像,其色彩和细节的保真度更高;不足之处在于需要使用专用的底片扫描仪,或者在常规扫描仪上安装透扫适配器,这对扫描设备的性能提出了较高的要求。

2.相片

把照片作为扫描的母版,图像质量会低于把底片作为母版的效果。照片本质上是底片的"复制品",在冲洗过程中,如果控制不当,可能会导致色彩的失真或偏色。而且长时间保存后,照片可能会因为化学反应而发黄、变色,特别是彩色照片。使用这种照片作为扫描母版可能会在颜色、亮度、饱和度等方面产生很大的失真。

(二)照片档案数字化方式与分辨率

1.照片档案的数字化方式

照片档案的数字化有两种方式可供选择:一是使用扫描仪进行扫描输入,二是利用数码相机进行翻拍录入。对于照片档案的数字化,扫描输入是最普遍的手段,它需要的设备简单,操作流程也相对简便,适合各种照片档案的数字化处理。尽管翻拍录入的速度相对较快,但需要配备额外的照明设备,在拍摄过程中对变焦和曝光等方面的控制要求较高,这使得拍摄的难度较大。普通的数码相机在进行光学成像时可能会出现像差,这就需要利用中高端的数码相机。

2.照片扫描分辨率

相较于文字,照片档案更多地记录了图像内容,因此分辨率的高低对其整体质量有着较大的影响。从理论上说,图像的分辨率越高,得到的扫描图像就越清晰,所需的存储空间也就越大,同时所需的扫描时间也会相应增加。然而,当扫描的分辨率超过某一特定阈值后,图片的品质并不会有显著的提升,反而会使所需的存储空间急剧扩大,从而增加扫描所需的时间。因此,在确定扫描分辨率的过程中,需要在分辨率和图像大小之间做出权衡,明确是采用底片扫描还是相片扫描。这需要综合考虑被扫描照片的尺寸,以及原照片的图像质量、利用性质及其还原输出的要求等多个因素,并在实际测试的基础上,确定每一批照片扫描的最佳分辨率。

(三)照片档案数字化的前与后

1. 照片档案数字化前的处理

在底片乳剂层中含有明胶,明胶在长时间受到温度、湿度和空气的氧化作用等影响时,会出现如霉斑、皱纹、粘连、褪色等现象。如果照片和底片的保存方式不恰当,还可能会被污渍、斑点或手印所污染。扫描过的霉斑会在图像表面上形成白色斑点,损害数字图像的清晰度,而使用图像处理方法很难完全清除这些斑点。因此,在进行扫描前,对底片和相片上的霉点、斑点等进行适当的清洁是最佳选择。需要注意的是,采用的处理方式必须是准确和适当的,以防止对照片造成进一步的损害。

2. 照片档案数字化后的处理

在数字化的过程中,照片档案难免会受到某些因素的影响,导致其形态和颜色出现偏差。因此,需要利用照片档案数字化系统中的图像处理功能或专用的图像处理软件来处理数字化后的照片图像,但这种处理必须遵循"尽可能恢复其原始面貌"原则,不能随意进行。

实际上,目前市面上的图像处理软件功能极为强大,能够自由地对数字图像进行编辑。然而,照片档案与传统的纸质档案有所不同,它更注重图像和颜色的展现,而不是文字符号的含义。因此,在对数字化照片档案进行图像处理的过程中,很有可能会破坏原作品的原始构图、格调或韵味,从而使照片档案失去其原始性。

通常情况下,数字化照片档案的图像处理主要集中在三个方面:①对图像进行旋正,并将其从颠倒或偏斜的状态调整至正直的位置;②将扫描图像中原照片域外的空白区域进行裁剪;③对扫描过程中出现的黑白点和瑕疵进行修复和移除。

(四)数字化照片档案的保管

作为母版保存的照片档案图像,一般选择 JPEG 格式保存,重要的保真度要求更高的档案可以选择无损压缩的 TIFF 格式保存,但同一图像的 TIFF 文件将比 JPEG 文件大很多。

数字化照片档案可以用不同的文件格式刻录到多套光盘上,异地保存,同时存储在服务器上提供在线利用。为便于照片档案的有效利用,应建立照片档案专题数据库。照片档案著录项目及其专题数据库结构,应尽可能遵循档案著录标引规则和相关的数据库结构规范,著录项目可选择全宗号、归档年度、保管期限、分类号、照片张号、照片题名、责任者、形成时间、摄影者、照片原文、主题词、整理人、密级、参见号、存放位置、组卷标识、归档日期、备注等。

二、音频档案的数字化

录音档案是以声音为信息表达方式的档案材料。[①] 在档案存储室里,如领导的发言、文艺表演、座谈会、访谈和会议的录音等,都被视为馆内收藏的重要部分。传统的音频档案大多以录音带和唱片作为其存储媒介,而经过数字化处理的音频档案则被存储在数字光盘、磁盘和数字磁带等存储介质中。

(一)音频档案数字化的现实意义

1. 网络共享呼唤数字化音频档案

随着宽带网络技术的快速发展和音频压缩技术的完善,数字音频广播、数字音频工作站和网络自动化播出系统已从理论概念转变为实际应用。这种数字传媒将不可避免地利用到档案资源,因此有必要对大量的音频档案进行数字化处理。

2. 传统的录音档案亟待通过数字化加以保护

即便严格按照磁性载体档案的保存环境来使用录音磁带进行声音档案的保存,在长时间的保存和多次利用的过程中,磁粉也可能会有不同程度的脱落,这可能导致磁性逐渐衰减和退化,甚至可能出现磁带粘连和霉变的情况。因此,传统的录音档案大约每 10 年就需要复制一次。但是复

---

① 谭萍.新形势下档案安全风险及防控对策研究[M].沈阳:辽宁大学出版社,2019.

制后的录音档案会失真,这种失真会随着复制次数的增加而加倍,最终因为噪声太大而无法播放。利用数字化技术可以有效地解决这个问题。当声音信号经过数字化"复制"后,会被转换为二进制数字。由于存在校验机制,从理论上讲,无论复制的次数和使用的频率如何,声音都将与之前保持一致,这确保了音频档案的真实性。

3. 音频档案数字化的实际效果更好

在档案馆的藏品中,声像档案因其生动形象的特点而拥有较高的使用频率,特别是那些与文化生活息息相关的资料。经过数字化处理后,这些受到大众喜爱的声像档案在网络上得到了广泛的传播,这无疑对于最大化档案的价值、提高公众对档案的认识、提升档案馆的社会影响力,具有积极的作用。

4. 音频档案数字化所需投入较低

音频档案的数字化不需要购买高价的高速扫描设备,也不需要配置高端的数字录制工具。在数字化资源有限的条件下,硬件只需要配备一张高品质的声卡,而在软件方面,则有大量免费的编码、播放和转换软件供用户选择,所需的投资非常小。

5. 音频档案数字化的技术实现相对简单

在音频档案数字化方面,技术上并没有太大的阻碍,因为信息技术领域已经推出了各种音频格式,各式各样的格式转换软件层出不穷。在档案领域,唯一需要思考的是,对于特定的录音档案,应该选择哪种音频格式和哪种转换工具。在数字规模较大且软件开发能力强的情况,可以自主研发更加合适的音频档案收集和转换系统。

(二)音频档案数字化的原理

1. 模拟电平信号对原始声音的保真度

从原始声音到模拟声音的振动电平,这一过程是由拾音设备来实现的。拾音设备的性能直接影响模拟电平信号对原始音频的保真程度。对于那些需要进行数字化处理的录音档案,数字化的目标通常是那些已经固定在录音带、唱片等载体上模拟声音振动的模拟信号。这些模拟信号被视为"原始声音",在相应的播放设备中可以被转换为模拟电平信号。

2. 模数转换设备的性能

模数转换设备是模拟电平信号向数字信号转换的基本硬件。一旦模拟电平信号被输入计算机,它便负责完成模数的转换工作。模数转换过程中会产生噪声,会导致"原始声音"失真,而高档次的模数转换设备的信噪比较好,产生的噪声较小。为了确保数字音频文件的高质量,应当优先选择高品质的模数转换工具。另外,在模数转换的过程中,其他相关的硬件设备也可能对音质产生一定的干扰或影响,如不稳定或低品质的主板或接口卡、屏蔽不良的通信线缆等。

3. 数字化过程中的采样频率、采样精度和声道数

模拟电平信号向数字化信号的转化过程是通过对模拟信号进行"采样"来完成的。计算机会在一个固定的时间段内测量模拟电平信号的强度,并将这些数据以数字形式记录下来,以便更好地记录模拟电平信号的变动情况。数字化音频的质量主要取决于三个核心指标:采样频率、采样精度和声道数量。采样频率是指每秒对电平信号进行采样的次数。数字音频信号的保真度与采样频率成正比,即采样频率越高,其数据量随之而增大。依据音频采样的理论,对于那些随时间不断变化的模拟信号波形,只要采样频率是信号中最高频率的两倍以上,就可以从采样得到的信号中恢复出原始信号的波形。采样精度决定了对音频信号振幅量化的细致程度,通常以比特数来衡量。采样精度越高,能够记录的音频信号振幅变化越精确,所捕捉到的声音细节就越丰富,相应地,音频文件的数据量也会越大。声道数量代表了音频信号的独立通道数,可分为单声道、双声道以及多声道。单声道音频所有声音信息集中于一个通道;双声道则通过左右声道的差异营造出声音的空间感和方位感;多声道在影视、游戏等场景中被广泛应用,能构建出极为逼真的环绕声效果,不过声道数量越多,音频数据量也就越大。尽管数字化音频的品质可以通过选择更高的采样频率、更精确的采样精度和更多的声道数来提升,但由于数字化音频文件所需的存储空间较大,档案专家往往需要在音频档案的保真性和存储容

量之间做出一个折中的选择。

4. 文件压缩方式

文件的压缩方式也是影响音频档案保真度的核心要素之一。通过模数转换获得的数字信号需要以一定的方式进行存储。鉴于数字化音频文件所占的存储空间庞大，存储前通常会使用某种技术对其进行压缩，从而生成各种不同的音频文件格式。对于同一个音源，不同的存储格式会导致其存储容量有很大的差异，同时音色的保真度也存在很大的不同。针对数字化音频档案的各种需求，档案专家需要做出合理的选择。

(三)音频档案数字化的软硬件设备

1. 传统放音设备

根据数字化录音档案的规格、型号，配置相应的放音设备，如开盘式放音机、钢丝带放音机、盒带录音机、电唱机等。放音设备必须能将声音源以电平信号的方式输出，若原设备不具有音频输出插孔，应进行改装。

2. 模数转换

模数转换设备是音频档案数字化的关键组件，高品质的模数转换设备通常具备低失真、低延迟和高信噪比等优点。音频模数转换设备可以分为两大类：家用声卡和专业声卡。家用声卡的成本相对较低，其模数转换器的品质不高，容易出现延迟和抖动，因此，当模拟信号被转换为数字信号时，声音的效果会受到影响。专业声卡虽然成本较高，但其高品质的模数转换器能够以极高的精度和速度对模拟信号进行转换，极大地减少了延迟与抖动的现象。

3. 多媒体计算机、操作系统和数据库管理系统

配置高主频、大内存、大硬盘容量的高可靠性多媒体微机。同时配置至少一台对音频档案进行著录、标引，建立音频档案目录数据库的普通录入终端。

4. 音频制作软件

被选为录音档案数字化的音频制作软件必须拥有的功能包括：①音频电平控制功能，这对于生成高品质的音频文件具有至关重要的作用；

②均衡功能,能够控制音频的音质;③噪声控制功能,能够减少音频中不必要的噪声幅度;④CD"抓取"和制作功能,这使得用户能够直接访问CD上的所有数字数据,并且可以把制作结果备份到CD上;⑤专为高级处理而设计的插件支持功能,允许用户在音频编辑系统中利用第三方的软件工具;⑥流媒体支持功能,允许用户直接从音频编辑系统输出流媒体,而不需要使用额外的编码器;⑦批量处理功能,能够自动处理批量任务。

(四)音频档案数字化处理的基本步骤

1. 原音带处理

被数字化磁带正常播放不仅是录音档案数字化的基础,也是确保数字化音频质量的至关重要的一步。旧的磁带普遍面临着信号强度下降、磁粉掉落、发霉和粘连等一系列问题。因此,在正式进行数字化处理之前,需要对陈旧的录音磁带进行彻底的清洗、修复和必要的后续处理,以便获取满足标准的信号源。在必要的情况下,应该将旧磁带放到放音机中快速倒带一次,用录音机的清洁带来清理放音机的磁头。

2. 音频线路连接

使设备处于关机模式,利用音频连接线将放音机的音频输出口与计算机声卡的音频输入口连接起来,然后启动多媒体计算机,从声音和音频设备属性中选择音频选项,将录音控制设置为线路输入开、其他相关选项关。接下来,打开放音机和电脑音箱,调整计算机音箱的音量,直到它们合适为止。

3. 音频采集

打开音频制作软件,创建一个新的音频文件,然后选择合适的采样频率和精度参数。按下放音机放音按钮的同时,启动音频制作软件的录音功能。通过对制作软件显示的电平波形进行控制和调整,将录音的音量维持在一个合适的范围内,从而避免音质失真。

在实际操作中,为了实现大量录音档案的数字化,需要使用专门用于音频档案数字化的系统。该系统将音频制作软件作为插件嵌入其中,将音频数字化的所有环节和过程控制集成在系统平台上完成。操作人员在加载完磁带后,启动音频档案数字化系统,设置相应的参数,系统会根据已经调整好的参数自动完成录制过程。在数据采集过程中,操作人员只需对程序的运行状况进行监控,最后核对存盘即可。

4. 音频编辑

采集得到的音频文件可以使用音频制作软件进行编辑处理,主要内容包括音量调节、音调调整和噪声处理。例如,如果采集得到的音频文件音量太小,可使用 Cool Edit Pro 2.0 对波形振幅进行提升,将其调整到最佳状态,也可利用 Cool Edit Pro 2.0 的图形均衡器对音频文件进行高低音均衡调节,使整个声音文件听起来更加逼真,还可使用 Cool Edit Pro 2.0 的降噪功能去除音频文件中的各种杂音。

5. 音频存储

编辑处理后的数字音频信号应以合理的音频文件格式和适当的方式存储到计算机中。

6. 后续工作

上述五个过程仅仅是对录音磁带进行了数字化处理。在某些特定情境下,与录音档案相对应的声音内容还需要以文本形式输入计算机,以便实现对音频文件的"全文"检索。每个音频文件基本上都与一个文本文件相对应,尽管这个文本文件和音频文件共享相同的文件名,但其扩展名并不相同。

经过数字化处理的音频文件以及与之相关的文本文件,都需要通过建立规范化的音频文件目录数据库或者专题目录数据库来达到高效利用的目的。音频档案数据库不仅涵盖了常规档案数据库所规定的著录项目,还包括音频文件的存储路径、与之相对应的文本文件存储路径、原录日期、数字化日期,以及数字化责任人等多个方面的信息。通过数据库地址链接的方式,可以将数字化音频文件与其相应的文本文件有效地连接在一起。后续的任务还包括根据各种不同的使用需求,对音频文件进行格式上的转换。为了确保数字化音频文件的安全性,通常需要将音频文件、相应的文本文件、目录数据库和音频制作软件等一同刻录到光盘上,并将它们一式多套异地保存。

(五)音频档案数字化的文件格式选择

1. 音频文件的类型

(1)无损压缩格式和有损压缩格式

根据不同的压缩方法,数字音频文件可以被分类为无损压缩和有损压缩。无损压缩格式在对音频信号进行压缩的过程中不会造成任何信息的损失。真正的无损压缩音频文件可以直接通过播放软件进行播放,而且不同的无损压缩格式可以相互转换,而不会丢失任何数据。无损压缩的不足之处在于压缩率较低,并且缺少必要的硬件支持。与无损压缩相对的是有损压缩。为了减小音频文件的存储容量,使其更容易在计算机或网络环境中进行存储和传输,音频文件更倾向于使用有损压缩的格式。但有损压缩会对音频文件造成不可逆转的损害。

(2)普通音频文件和流式音频文件

根据网络传输的方式,音频文件可以被分为常规音频文件和流式音频文件。若要在网络上播放普通音频文件,必须将其下载完毕。流式音频文件是一种专为网络应用设计的音频文件格式,也被称为"流媒体格式"。这种文件类型是通过对音频多媒体文件进行特定的压缩处理,然后在网络服务器上进行分段传输。用户不需要将整个文件下载到本地,可以选择在下载的同时收听的方式。

2. 音频文件格式的选择

理论上说,除 MIDI 外,所有格式都可以成为对音频档案数字化的存储格式。音频文件格式的选择关系到整个数字化工作的成效,格式一经选定不宜变动。因此,在选择前必须进行充分的论证,乃至必要的试验。做出选择时至少应注意以下几点。

(1)在存储空间与保真度之间取得平衡

在追求数据保真度的过程中,选择无损压缩格式时,应优先考虑高采样频率和高采样精度。但是,与有损压缩相比,无损压缩所需的空间更大,如果设置高采样频率和高采样精度,其对空间的占用将是令人震惊的。实际上,不管选择哪种存储方式,失真是不可避免的,只是失真度的程度有所不同。对大量音频文件进行数字化处理,其存储容量会受到实际环境的制约。因此,在追求最小失真的过程中,存储空间的问题是不可忽视的,需要在存储空间和音频失真度之间找到一个平衡点,以确保音频的失真度在档案管理允许的范围之内。

(2)区分音频数字化的目的

如果将音频文件数字化是为了长期保存,即数字化后的音频文件将被用来替代之前的模拟录音带或唱片,无论是永久还是长期保存(因为技术或物理原因,原录音带或唱片将在数字化后逐步销毁),那么在选择音频格式时,对保真度的要求会相对更高。

如果将音频文件数字化是为了使用,也就是说,数字化后的音频文件仅作为原始录音带或唱片在网上和网下的替代选项,那么所选择的文件格式只需满足用户的实际使用需求即可。

(3)区别数字化对象的性质

数字化后的音频文件主要分为两大类:音乐曲目和言语声音。与后者相比,前者在音质保真度方面的要求更高。在具体的选择过程中,应依据目标受众是专业音乐人士还是一般的社会大众来确定采样率、压缩比等可变参数。与乐曲相比,话音的真实性要求较低,因此,可以设置较低的采样率、采样精度和较高的压缩比。

(4)充分考虑所选格式是否有较强的软件支撑

每一种音频格式都必须配备相应的编码和播放软件,并且需要拥有能够将其转换成其他各种主流格式的转换工具。因此,在做出选择之前,应该对各种音频格式进行深入的市场研究和技术了解,明确相关可用软件的种类和来源,并对这些音频格式进行比较和分析。在选择数字化档案音频格式时,强大的软件和技术后盾起到了关键的决策作用。

(5)考虑音频档案的利用形式

经过数字化处理的音频文件主要是通过互联网来获取和使用的,在纯粹为此种方式而数字化的前提下,流媒体格式是不二之选。RA作为网络上最受欢迎的音频流之一,因其能够根据带宽提供不同音质的独特功能而被列为首选。在非纯粹网上利用的前提下,选择 mp3、wma、flac 等格式,既能满足网络传输需求,又能保证良好的音频质量。总体来说,音频格式的选取是一个受到多重因素综合影响的决策过程,面对不同的数字化需求,所做的选择有所不同。

第三节 视频档案的数字化管理

一、视频档案的数字化

使用模拟技术制作的传统录像带种类繁多。与传统的录音磁带一样,当录像带被长时间存储和使用后,其磁介质会发生退化和老化,导致信号逐渐减弱,影像的质量持续下降,甚至不能正常播放。与此同时,传统的模拟录像系统和播放设备正在逐步消失,能够正常使用的系统和设备越来越少,存放在模拟录像带上的珍贵影像资料面临着永久丢失的风险。因此,将馆藏模拟录像资料数字化,转换成可存储于任何数字媒体的计算机视频文件,是安全保管和有效利用这些重要档案的唯一出路。[①]

(一)视频档案数字化的记录原理

1.视频档案数字化的信号

在传统的录像带中,所录制的视频信息是模拟信号,为了在数字设备上进行存储和播放,必须利用模数转换技术将这些模拟视频信号转化为计算机可以识别的二进制数字视频信号,这个转换过程被称为录像档案的数字化。

不管是模拟录像带还是计算机生成的视频文件,它们的动态视频都是由一系列静态画面构成的,这些静态画面通常被称为"帧",帧连续播放便形成了视频。为了确保视频画面在视觉上不会有任何跳动或闪烁,通

---

① 赵豪迈.数字档案长期保存研究[M].西安:陕西师范大学出版总社,2015.

常每秒需要传输24～30帧的图像。模拟视频的不同制式标准对于每秒的帧数和每一帧静态图像扫描显示的行线数都有各自的规定。

与音频档案的数字化相比,视频档案的数字化步骤更为复杂,但其基本原理是相同的,包括数字化采样、量化、压缩和编码等步骤。视频档案的数字化需要同时收集视频的图像信号和音频信号。其中,视频图像捕捉到的信号是以帧为基本单位的,每一帧图像可以被视为由 M 行 N 列的像素点阵构成的,采集设备会依次对这些像素点进行采样、量化和编码处理。

2. 数字信号

(1) 主要概念和参数

视频档案数字化采集时涉及的主要概念和参数有:①所用的色彩空间;②采样频率,各个色彩分量的采样频率与模拟视频信号的帧频、行线数、分辨率图幅宽高比等有关;③采样精度,即每个分量采样时的色彩位数;④所采用的压缩标准。

(2) 视频数据的处理

对于收集到的未经加工的数字信号,只需将其"打包"并插入各种验证码,就可以将其转化为有价值的数字信号流进行进一步的处理。然而,这些未经处理的数字信号数据量庞大,因此在不进行压缩的情况下直接进行存储是不切实际的。对这一问题的解决方法是对视频资料进行编码压缩处理。通过去除相邻部分的重复信息,并利用人眼的视觉特点来消除大量的"多余"信息,可以在确保视频质量不受明显影响的前提下,有效地降低数字视频的数据量。从20世纪90年代开始,数字视频压缩技术在多个行业中得到了广泛应用,各种不同的压缩标准陆续推出,基于这些不同压缩标准的视频文件格式各具特色。

(二) 视频档案数字化软硬件的配置

1. 视频档案数字化系统的组成

视频档案数字化系统包括:①模拟视频信号输出的设备,如与录像带相匹配的录像机和放像机等;②用于模拟视频信号采集、量化和编码的设备,一般由视频采集卡来完成;③用于编辑数字视频的软件;④视频档案的存储设备或存储系统。

在将模拟录像带进行数字处理之前，需要准备好合适的影像播放设备，并确保这些设备能够正常运行。模拟录像带的播放质量直接影响到数字化音频的质量。制作和播放模拟录像带的设备种类繁多，但随着数字技术的进步，数字摄录设备越来越受到人们欢迎，传统的模拟录像机和放像机现在已经很少见了。而那些幸存的设备，其物理状态也不太乐观，很多已经不能正常运行了。然而，这些录像设备是播放相关录像带的关键工具，一旦缺失，相应的模拟录像带可能会永久失读。

2. 视频采集设备

视频采集设备是由高配置的多媒体计算机内置或外置的视频采集压缩卡组成的。动态视频的数据量极为庞大，这对计算机的处理速度提出了较高的要求。当前市场上的主流计算机基本上能够满足市场的需求。视频采集压缩卡，也被称为"视频卡"，其主要功能是对输入计算机中的模拟视频信号进行采集、量化和压缩编码。它是整个录像档案数字化系统的关键组成部分，其性能的优劣直接影响到视频档案的整体质量。因此，在对视频采集卡做出选择时必须谨慎。目前市面上的视频采集卡主要可以划分为以下三个档次。

（1）低档视频采集卡

低档的视频采集卡并不是真正意义上的采集卡，更像是一个视频转换器产品。例如，拥有基础视频采集功能的电视盒或配备电视输入和采集功能的计算机显卡，它们的主要功能是将电视的模拟信号转化为计算机可识别的数字信号并输入计算机，然后在计算机中使用特定软件进行视频采集。其不足之处在于无法进行硬件层面的操作，如压缩编辑等。低端的视频采集卡具有较低的分辨率和较少的文件类型，其功能也比较简单，主要是为了在计算机上观看电视或进行基础的视频采集。

（2）中档视频采集压缩卡

我们通常所说的视频采集卡是中档视频采集压缩卡，它具有将电视或录像机产生的模拟视频信号传输到计算机的功能。中档的视频采集压缩卡种类繁多,性能较好,所配备的软件也相当专业和丰富,可以进一步细分为视音频整合采集和视音频分离采集两大类。为了降低成本,视音频分离的采集卡省略了音频的采集环节,因此对计算机特别是计算机声卡的要求比整合型的更高。如果计算机声卡性能不佳,可能会出现采集时声音信号和视频信号不同步的情况。与视音频分离型采集卡相比,整合型采集卡更为高端,因为它在视频卡中增加了音频采集功能,从而显著提升了视频的采集效果。

(3)高档视频采集压缩卡

高档视频采集压缩卡是 MPEG(Moving Pictures Experts Group,简称 MPG 或 MPEG,动态图像专家组)采集压缩卡的高端产品,可以采集来自任何视频源的视频和音频,制作包括 VCD、SuperVCD、DVD 和广播电视在内的各种数字视频应用。高档视频采集压缩卡提供的是纯硬件级压缩,多数附带价格高昂的专业多媒体制作软件。

在选择适合于录像档案数字化的视频采集卡时,需要仔细对比不同采集卡的性能和价格。特别需要注意的是:①这些采集卡是否支持视频数据的硬件级处理,使用硬件来完成数据压缩不仅可以节约时间和空间,而且压缩后的图像质量也相当出色;②帧速率,帧速率的高低会直接影响采集卡制作的视频文件的流畅性;③是否具备音频输入功能,如果视频卡只能捕获图像信号,那么音频信号需要通过声卡进行传输录制,这将提高计算机资源的占用率,并可能导致视频和音频信号不同步,建议使用视音频整合采集的视频采集卡;④是否提供 VCD 制作软件作为赠品。

3.视频采集、编辑系统

视频档案的收集、转化和编辑不仅依赖视频采集卡,还需要利用视频采集软件和视频编辑系统来完成。购买视频采集压缩卡时,通常会附带相应的视频采集软件。在利用视频采集软件进行录像档案数字化采集之前,用户可以预先设定需要生成的视频文件格式,并对视频文件的各种参数进行设置,如调整录像信息的亮度和视频取样的标准,以确保采集信号的质量。

与视频采集卡相配套的视频采集软件功能比较简单,通常不能对视频信息进行复杂的编辑和转换。因此,在必要的情况下,可以使用专用的视频编辑软件,甚至是功能强大的非线性视频编辑系统,对采集到的视频信息进行编辑处理。视频编辑与文本编辑有许多相似之处,主要是对已收集的视频素材进行二次处理,如插入、裁剪、复制、粘贴和拼接视频片段等。此外,它还包括字母、图形,以及不同视频和音频的叠加、合成等。通过这些处理,可以在不损害视频真实性的基础上,使视频档案变得更加清晰、美观和生动,并对视频内容进行适当的引导、指示和标注。

非线性视频编辑系统实际上是一个由视频编辑软件、高性能计算机、视音频卡和大容量 SCSI 硬盘阵列组成的综合系统,而不仅仅指编辑软件。由于非编系统功能强大,它的售价相对较高,主要被用于广播级别的视音频编辑任务。数字化的视频档案并不追求令人眼前一亮的电影效果或过于专业的影视编辑手法,只需要对视频档案进行最基础的编辑操作。因此,除了广播影视等少数专业档案部门外,普通的档案馆并不需要设置非线性视频编辑系统。

4. 视频存储设备

因为数字化视频档案的离线或近线存储可选介质较多,所以刻录机的倍速和磁带机的数据阅读速度要尽可能高。联机存储情况下,对存储容量和读取速度的要求更高,因此硬盘容量要大。在网络共享环境下,最好配置磁盘阵列。

二、视频档案数字化的步骤与格式

(一)基本步骤

1. 原像带处理

该步骤与音频档案数字化类似。从库房中取出拟数字化的录像带,检查磁带的完整性及信号的质量并做相应的记录,必要时对原像带进行修复和倒带处理,以获得符合要求的信号源。

2.设备准备和连接

数字化前先要准备好相关的软硬件设备。具体配置要视拟数字化视频的实际情况而定。配置好设备后,采取正确的方法连接。

3.视频采集

线路正确连接、放像设备正常工作后,打开视频卡所带的采集软件,运行采集程序,并监控计算机上播放的视、音频质量。在正式采集之前,要做一系列参数设置和调整工作:视频源设置,选择输入的视频端口,端口设置必须与实际连接方式相一致;视频制式设置,使视频采集卡能自动检测和接收不同制式的视频信号;视频格式设置,其依据是源视频质量情况和原来录制水平;视频码流设置,确定视频的传输速度;图像大小设置,设定采集图像的分辨率等;工作目录设置,设定采集后视频文件的存储路径。

参数设置后预览采集的信号,如果不理想则修改参数,优化采集环境,直到满意为止。之后,便可正式进行视频信号的采集。采集过程中,要对图像的播放质量进行严格监控。

4.视频编辑和格式转换

采集后的视频文件可以根据需要,使用视频编辑软件或非线性编辑系统进行剪辑、编排和视频质量及效果调整,必要时根据需要进行格式转换。

5.光盘刻录

将数字化后的视频档案刻录到光盘中,刻录光盘前要先建立光盘内目录页面,以方便使用者浏览光盘时查找,然后把硬盘上的数字视频和光盘目录一同刻录到光盘上。检查光盘质量,打印光盘封面,并将其粘贴到光盘的盘盒上,用记号笔在光盘反面写上光盘的编号。光盘装盒后,竖直排放在卷柜中。

6.后期工作

数字化后的视频档案同样需要采用数据库的方式对其进行管理和利用。鉴于视频档案数据过于庞大,一般将视频数据与其目录数据分别存储，视频数据以文件方式存储，目录数据以数据库形式存储，以避免因数据库过于庞大而降低对其的检索和操作速度。每一相对独立的视频片段建立一条数据库记录，每条记录中不仅包括一般的档案著录项目，还要加入视频对象的源盘名称、摄制日期、摄制地点、摄制人员或单位播放长度、源盘制式及技术参数、数字化采集人、存储路径、存储格式、存储参数、采录编辑系统或软件、内容提要等字段。每一条目录中记录着其对应视频片段的存储路径，通过存储路径建立起二者之间的关联。

（二）视频档案数字化的文件格式选择

1. 主流视频文件格式

（1）AVI 格式

此格式为1992年微软公司推出的视频文件格式，它将视频和音频交织在一起同步播放。其优点是图像质量好，独立于硬件设备，可以跨平台使用；缺点是体积过于庞大，无统一的压缩标准，用不同的压缩算法生成的 AVI（Audio Video Interleaved，音频视频交错格式）文件必须使用相应的解压缩算法才能播放出来。

（2）MPEG 格式

为运动图像压缩算法的国际标准，采用有损压缩方法减少运动图像中的冗余信息，同时保证图像的显示质量。MPEG 格式也是我国电子文件管理国家标准认可的视频文件归档格式。

（3）MOV 格式

MOV（即 QuickTime 封装格式，也叫影片格式）起初是由 Apple 公司为其 Mac 操作系统开发的图像及视频处理文件格式，但随着个人电脑技术的飞速发展和普及，苹果公司不失时机地推出了 QuickTime 的 Windows 版本。MOV 格式具有较高的压缩比和较完美的视频清晰度，其压缩方式与 AVI 类似，但画面质量高于 AVI。MOV 几乎支持所有主流个人计算机平台，是数字媒体领域事实上的工业标准，其默认的播放器是苹果的 QuickTime Player。

(4)RM 格式

RM(RealMedia,流媒体)是一种流媒体视频文件格式,主要用来在低速率的网络上实时传输视频、音频。该格式压缩比很大,并可根据网络数据传输速率自动调整压缩比,从而实现实时传送和在线播放。其他格式的视频文件可通过 Real Server 服务器转换为 RM 格式并对外发布和播放。

(5)ASF 格式

ASF(Advanced Streaming Format,高级串流格式)是微软公司为了和 RealPlayer 竞争而推出的一种流式视频格式,可以直接使用 Windows 自带的 Windows Media Player 进行播放。它使用了 MPEG-4 压缩标准,其压缩率和图像质量非常优秀,其图像质量也比同为流媒体格式的 RM 更好。

(6)WMV 格式

WMV(Windows Media Vide,Windows 媒体视频)也是微软公司推出的一种流媒体格式,它是由 ASF 格式升级延伸来的。在同等视频质量下,WMV 格式的文件体积更小,非常适合在网上播放和传输。

2. 视频文件格式的选择

数字化视频文件格式的选择同样需要考虑其保真性、通用性和利用的便利性等要求。从保真性角度讲,数字化采集形成的视频文件应保存为无损压缩的格式,但这是不现实的,因为不加压缩的视频文件数据量巨大,大量视频文件的累积在存储容量上将难以想象。事实上,正是压缩编码技术的飞速发展,才使视频文件的数字化存储和网络传输成为可能。所以,只能尽可能保持文件的原真性。对视频档案而言,采用有损压缩在所难免。

综合而言,MPEG 压缩标准的视频格式在各个方面均优于其他格式。因为 MPEG 是一个国际化的系列标准,具有良好的兼容性和通用性,能够比其他压缩算法提供更好的压缩比,并且已经成为市场的主流。MPEG-1、MPEG-2 和 H.264/MPEG-4AVC 压缩标准均可作为视频数字化的文件格式标准。考虑到 MPEG-1 的通用性较强，其数字信号质量与录像带的信号质量相当，而且 MPEG-1 是制作 VCD 的必需格式，通过 MPEG-1 格式还可以将数字视频文件转换为 MPEG-2 格式来满足制作 DVD 的需要，因此，MPEG-1 可以作为录像档案数字化文件的首选格式。

大容量 DVD 光盘的逐步使用，使得以 MPEG-2 或 H.264/MPEG-4AVC 高清晰度的视频格式存档具有可行性。但是，大量模拟录像档案由于受到制式的限制，其原始图像质量并不高，数字化后若采用过高标准的视频格式则是无意义的，只能增大存储容量。

在流媒体技术出现之前，视频文件的管理和利用局限于单机环境，网络利用几无可能。但随着宽带网和流媒体技术的逐步推广，视频文件的网络利用已成为现实。同时，对于流式视频文件的检索，由于用户端无法直接对其进行更改，大大降低了病毒感染和黑客侵入的概率，增强了系统数据的安全性。

事实上，由于保管目的和利用环境不同，视频文件的归档格式也不同，在很多情况下，可能需要同时保存为脱机存储格式、近线存储格式和在线存储格式。

(1) 脱机存储格式

为了尽量保证视频文件的原真性，脱机存储格式根据视频源的质量可选择使用 MPEG-1、MPEG-2 和 H.264/MPEG-4AVC、AVI 等。例如，将数字化后的视频档案刻录到 VCD、SVCD、DVD 盘上。

(2) 近线存储格式

近线存储格式介于在线存储格式和脱机存储格式之间，主要存放不经常被访问的视频档案，如果有用户访问，则调入在线服务器供用户利用。MPEG-1、MPEG-2 和 H.264/MPEG-4AVC 均可作为近线视频文件格式。随着视频文件的不断增加，近线也可考虑采用流式视频文件。

(3) 在线存储格式

在线存储格式一般存放流式格式，这既解决了视频文件的网络利用问题，又保护了视频文件的安全性。如果已归档脱机存储格式为 MPEG-1、MPEG-2 和 H.264/MPEG-4AVC，则需用流式编码软件将其转换成流式文件，然后在线提供利用。当然，如果视频文件暂时不提供网络利用，可以在将来需要时再批量转化为在线格式。总之，脱机保存的视频文件应尽量接近其源文件，作为视频文件的"原件"来长期保存，其格式相对稳定。随着计算机网络技术和视频文件编解码技术的发展，视频文件的在线保存格式会不断变化。

第三章 数据挖掘在档案管理中的应用

第一节 数据挖掘的概念

一、数据挖掘

人们从多个角度对数据进行深层次和反复的分析,从而发现其蕴含的价值,并将其转化为经济价值。这种多次利用信息的情况是一种颠覆行为,它已经不仅仅局限在个人隐私泄露这一领域。数据挖掘技术已经对我们的生活产生了或多或少的影响。在通常情况下,网络服务提供商会借助数据挖掘技术对用户的数据进行"深耕",以达到优化服务、提高体验感、精准销售的目的。然而,对于一些网络服务供应商而言,如果没有把握好数据挖掘的尺度,则会造成滥用用户数据的情况,甚至导致用户隐私的泄露。

以下从应用的角度阐述如何对数据进行挖掘。

第一,在企业里,大数据涉及很多部门,业务处理起来比较复杂,在收集和整理大数据的过程中,各部门及其人员都要大力配合,企业的决策者也要给予一定的重视,无论是在资源的配置上还是在态度的支持上。此外,需要指派专人验证和运用数据挖掘的结果。大数据分析的结果体现的并不是数据之间的因果关系,而是相关关系,其存在一定的不确定性。同时,由于每个企业都有自己的诉求,因此,数据挖掘的结果或多或少地体现了企业的经营思维,有时甚至与企业的经营思维完全不符。然而,如何运用好这些带有不确定性,甚至与预期结果相反的数据挖掘结果,对于企业的管理者而言却是一种挑战。

　　第二，大数据技术要对数据进行导入、整合、预处理。由于数据的来源是多方面的，且数据本身也很庞大，加上具体的业务要求又很复杂，因此，很多企业在运用大数据这项技术时，根本就不清楚自身想要去挖掘什么、发现什么，对于数据挖掘如何能帮助企业进行决策和运营没有直观认识。因此，如果企业连数据都还没有准备好、规划好，在这种情况下，就需要数据挖掘人员和企业其他员工通力配合，在对数据进行导入、整合、预处理时做出灵活调整，使数据挖掘技术能更好地服务于企业发展。

　　虽然数据挖掘技术有着广阔的发展空间，但是也面临着诸多挑战。近年来，数据挖掘在规模上呈现出爆发式增长，其复杂程度也越来越高。在金融、医疗、制造等领域，一个数据挖掘任务包含了很多个复杂的子任务，在分布式计算的环境中，配以多种算法，高效地运行着。因此，对于数据挖掘计算工具的研发和平台建设成为支撑分析人员高质量、高效率地完成数据分析任务的关键所在。虽然像SPSS、Microsoft SQL Server这样的数据挖掘工具为用户分析数据提供了友好的用户界面，但是它们无法进行大量的数据分析，也不允许用户添加进新的算法程序。而像MILK5、MLC++4这样的算法库虽然可以为用户提供很多的算法程序，但是操作人员必须具有高级编程技能。此外，近年来新推出的一些像Radoop这类集成的数据挖掘工具虽然能够为用户提供友好的用户界面，并能够对数据挖掘任务进行快速分配，却有两个不足之处，那就是它们只支持Hadoop算法程序，而且无法进行多用户、多任务的资源分配。正是基于此，FIU-Miner被开发了出来。FIUMiner这套数据挖掘系统为数据分析人员提供了友好的用户界面，能够支持高效计算和快速集成在分布式环境中运行，以便数据分析人员高效、快速地完成数据挖掘的任务。接下来，详细介绍一下FIU-Miner数据挖掘系统。

　　（一）优势所在

　　同目前市场上的数据挖掘平台比起来，FIU-Miner系统具有以下优势。

1. 更具人性化，快速分配数据挖掘任务

FIU-Miner 系统本着"软件即服务"设计理念，将与数据分析任务毫无关系的细节隐藏了起来。数据挖掘人员通过操作 FIU-Miner 系统的人性化界面，摆脱了编写代码的烦恼，只需将现有的算法组装成工作流，并轻松搞定数据挖掘的任务配置。

2. 更具灵活性的多语言程序集成

数据挖掘人员可以将各种新增的算法导入 FIU-Miner 系统的算法库里，并且对于算法的语言没有任何限制，因为 FIU-Miner 系统可以将任务正确地分配到与其适合的运行环境中，所以对这些导入的算法没有语言的限制。

3. 在异构环境中对资源进行有效管理

FIU-Miner 系统能够支持数据挖掘人员在服务器、单个计算机、图形工作站等异构的计算环境中执行数据挖掘任务。FIU-Miner 为了使计算资源得到更好的利用，对服务器负载平衡、算法实现、数据位置等因素进行了综合考虑。

（二）体系结构

1. 用户接口层

作为完全基于 HTML5 语言开发的 Web 应用程序——用户接口层，可以将系统的兼容性提高到最大。用户接口层由三个功能模块组成。

（1）任务配置和执行模块

任务配置和执行模块起到支持数据挖掘任务在工作流程中的分配。我们可以用一个有向图来表示数据挖掘任务的工作流。算法由图中的节点来表示，算法中体现出的数据相关性由图的边来表示。在 FIU-Miner 系统里，数据挖掘人员不需要编程，只需利用图形用户界面便可对工作流程进行快速配置。另外，程序如何定时、如何循环等涉及数据挖掘任务的执行计划都可由用户自行设置。

（2）程序注册模块

用户可以通过程序注册模块把新的算法添加到 FIU-Miner 系统的

算法库中。在导入的时候,除了上传可执行文件外,还要提供如程序功能、运行环境、相关数据、参数规范等描述性信息。当前,FIU-Miner 支持 Java、C++等多种编程语言,因此,对于被导入的程序在 FIU-Miner 系统的编程语言上没有特别限制,差不多全部的算法都能够被导入 FIU-Miner 系统。同时,有些用户自己开发的算法也能够导入 FIU-Miner 系统中。

(3)系统监控模块

系统监控模块能够对 FIU-Miner 系统的资源利用率进行实时监控,并且对系统中所提交的任务运行状态进行动态跟踪。需要注意的一点是,系统监控模块只对计算资源和逻辑存储这类抽象资源进行显示,从而使用户对底层物理资源有所了解和掌握。

2.任务管理层和系统管理层

(1)任务管理层

为了满足分析需要,用户可以使用 FIU-Miner 系统动态地对数据挖掘任务进行配置。通过对算法库里已经注册的算法进行选择,并将其作为基本模块,从而搭建工作流。

首先,工作流集成器。它的作用是集成并验证工作流的任务并找出无效的流程,然后向系统报告。当集成并配置完新的数据挖掘任务之后,系统会自动把它放进任务库,数据挖掘人员可以不受时间限制把它调度出来并运行。

其次,作业调度器。作业调度器除了有对计算资源进行分配的功能外,还有对运行时间进行优化的功能。与其他数据挖掘系统相比,FIU-Miner 系统中的调度更为复杂。第一,FIU-Miner 系统允许不同计算环境下的基于不同编程语言的程序运行。同一任务下的不同程序对于运行环境有着不同的要求。因此,将任务简单地分配到空闲的计算单元也是不可行的。第二,单一的作业被分成了许多个步骤,不同的计算单元运行着不同的步骤,不仅 I/O 成本增加了,要是再加上用户多、任务多,便会增加 FIU-Miner 系统在调度上的复杂性和困难性。因此,在使用 FIU-

Miner 系统进行调度时,应考虑的因素有:每一步的运行环境是什么?每个计算单元能够支持什么样的运行环境?每个计算节点当前运行的状态如何?要输入的数据有多大?

(2)系统管理层

这里我们首先要介绍一个概念——作业管理器。它的作用是对执行作业的运行状态进行跟踪。FIU-Miner 系统不仅对作业进行监视,还对计算单元和与其相关的计算资源所处的状态进行跟踪。另外,在 FIU-Miner 系统中还会设置一个资源监视器。这个资源监视器除了对计算单元进行监视,还会显示作业调度程序的运行状态,帮助数据挖掘人员做出调度决策。而资源管理器则是对所有可用的计算单元进行管理。FIU-Miner 系统区别于其他数据挖掘系统的一点就在于,数据挖掘人员不必对可用的物理资源进行人工登记。当数据挖掘人员在物理服务器上把计算单元部署好以后,计算单元便会自动向资源管理器发送服务器的信息,使服务器自动注册在 FIU-Miner 系统中。

3. 抽象资源层

抽象资源层由两部分组成:一是存储资源;二是计算资源。存储资源由本地文件系统、传统数据库、分布式文件系统等物理设备组成。从逻辑上讲,计算资源就是计算单元。计算单元数量的大小决定了平台计算能力的大小。数据挖掘任务能否顺利完成可以借助计算单元数量的扩展配置。在 FIU-Miner 系统里,我们可以通过计算数据挖掘任务的多少和计算单元数量的多少来体现物理服务器的计算能力。这是一种系统虚拟化的机制,它能够把计算资源的利用率提高到最大。为了使计算资源得到有效的管理,服务器上布置的所有计算单元共享这台服务器存储(如数据库、本地文件系统),同时要求所有的计算单元配置包含运行环境、运行状态、计算能力等信息的文件。

4. 异构物理资源层

我们也可以把异构物理层叫作物理资源层,它主要由底层的物理设备组成。它可以对数据存储和数据资源扩展起到有效支撑作用。

(三)应用案例

1.高端制造业

在了解高端制造业的概念之前,我们要先了解什么是制造业。原材料被人们加工成产品的大规模的工业生产过程叫制造业。而高端制造业则指技术含量更高、附加值更大、竞争力更强的制造业。例如,航空航天、生物医药、新能源、光电一体化、电子信息。在通常情况下,这些领域的工程设计更加严密、装配生产线更加复杂,对工艺的流程、加工设备控制、材料的要求更加规范。流程的管控和决策的优化使产量和品质得到保证。因此,为了提高产品质量和竞争力,制造业企业不惜加大力度对生产流程进行优化,同时对控制参数进行调整。在制造业不断发展的过程中,无论是在工艺上还是在装备上都积累了很多的生产数据。很多对工业生产价值的知识和信息都蕴含在里面。高端制造企业可以利用大数据技术对这些在生产和管理过程中积累下来的数据进行搜集和分析。由于这些数据是在实际生产的过程中产生的,所以和生产要素有着很高的相关性,如原材料、生产环境、设备状况、生产流程。在没有大数据之前,生产者是很难通过人工对比的方式发现各种参数之间的关联性的,也很难发现生产要素是如何对产品品质产生影响的。因此,如何利用掌握的数据对生产流程进行优化,进而提高生产效率、产品质量,成为所有制造业企业都想破解的难题。制造业企业通过大数据技术把藏于大量数据中有价值的、有深度的内容挖掘出来,对生产过程中的各个环节进行优化并提升管理能力,以更好地解决生产中遇到的问题。在改进生产工艺的同时,不断提高生产效率和产品品质,从而提高制造业企业的整体竞争力。当然,高端制造业在数据挖掘方面还面临着许多的挑战。例如,数据的分析如何才能做到有效,数据分析的结果如何做到准确。如今,高端制造业仅靠专家的经验或利用传统的分析系统对大量的数据进行分析并发现其潜在价值是不够的。因此,众多的高端制造业企业应该充分地利用数据分析平台和工具,对生产过程中产生的规模巨大的原始数据进行智能化分析,从而创造出新的生产模式,对生产工艺和流程进行系统性升级。

2. 空间数据挖掘

由于卫星遥感技术发展和移动通信终端普及,人们可以轻而易举地获得某个对象的实时空间信息。想要获得对我们有用的信息,就必须通过有效的方法来挖掘空间数据。人们从大型空间数据库里发现有意思的、不为人知的,但极具价值模式的过程就叫空间数据挖掘。与传统的从数据库里进行数据挖掘相比,空间数据库挖掘要难得多。这是由空间数据的类型与空间关系更加复杂所决定的。很多领域都可以用到空间数据挖掘,如国土资源管理、水文管理、防灾减灾、交通治理、追踪犯罪嫌疑人、分析病情。空间数据挖掘系统应该使空间数据能够被在线分析、查询、可视化。

3. 库存管理数据

库存管理指的是为了使储备保持在合理的经济水平,人们管理和控制在服务业或制造业领域所经营、生产的所有产品、物品,以及其他资源。高效且可靠的库存管理为企业管理人员科学合理地制定货物的库存量和订货量提供了保障,避免了资金的大量占用,以及由于货物短缺而造成的经济损失,使企业的经济效益得到了提升。随着零售业越来越发达,通常情况下,供应商需要大量备货以满足不同地区的需求,另外,消费者在网上购物的频率越来越高,供应商必须合理地制订库存计划。而像Inventoria、inFlow这类库存管理系统仍然基于过去一直使用的统计分析方法对库存数据进行分析,供应商仅能够根据一种算法对库存做出决策,无法将之前的数据和市场的现状综合起来做出更加精准的库存决策。因此,利用大数据技术对库存情况进行高效预测、及时发现库存异常、正确分析库存是广大供应商需要解决的难题,成为当前大型零售企业亟须解决的问题。近年来,商业竞争越来越激烈,库存管理的问题也越发凸显。

二、档案数据挖掘

档案人员想要做好档案编研选题,不仅需要对用户利用档案数据(包括档案调卷数量、档案利用次数、复制档案数量、制发档案证明数量等)进行深度挖掘,而且需要对用户访问记录(包括网页采用的关键字、下载记录、检索词、用户利用网页时间和频度等)信息进行深度挖掘,然后利用分类功能及数据分析,建立档案编研选题的用户模型。一是按需确定不同类型的编研选题,提供个性化服务;二是根据档案用户需求特点,预测其未来趋向,结合社会热点选定档案编研题目,从而使档案编研部门推出用户满意的编研成果。在档案利用方面,对档案利用登记数据库进行深度挖掘,分别选取不同方面数据进行建模,得出不同档案利用形式的变化趋势,从而对档案利用趋势进行分析和预测,对利用频率高的档案进行全文数字化,既可以提高档案利用效率,又可以起到保护档案原件的作用。因此,档案数据深度挖掘是大数据时代的主要特点,档案学的发展历程告诉我们,每次重大的技术变革都必然影响着档案学的发展,如计算机和网络技术引入,引发了档案管理理念与实践变革,改变了文件与档案的处理流程。在档案行业,随着信息社会的发展、无纸化政策推进,数字档案的产生量不断递增,加之大部分为非结构化数据,使档案管理工作难度加大,而档案数据挖掘是从大量数字档案中发现有益于档案管理活动的可被利用信息,改善档案管理者的工作现状,为普通公众提供更优质的档案服务。

三、机器学习

机器学习是一门研究人工智能的科学,专门研究计算机怎样模拟或实现人类的学习行为,以获取新的知识或技能,重新组织已有的知识结构,使之不断改善自身的性能。机器学习最早可以追溯到对人工神经网络的研究,沃伦·麦卡洛克和沃尔特·皮茨早在1943年就提出了神经网络层次结构模型,确立了神经网络的计算模型理论,从而为机器学习的发展奠定了基础。1950年,图灵测试的提出标志着人工智能开始成为一个重要的研究课题,从此,以人工智能为核心的机器学习也正式迈入研究殿堂。机器学习与人的参与密不可分,根据人参与程度的不同可将机器学习的学习形式分为监督学习、无监督学习和半监督学习等。其中,监督学习是根据数据训练集产生的函数预测新数据对应的结果,训练集的目标是由人为标注产生的;无监督学习与监督学习相比,训练集不包括人为标注的数据,整个过程由计算机自主完成;半监督学习介于监督学习与无监督学习之间,是二者相结合产生的一种学习方法,运用大量的未标记数据,同时使用少量标记数据进行模式识别,进而完成任务。

四、数据库管理

数据库管理,顾名思义,就是对数据库进行管理,其核心是数据库。根据不同的结构,数据库可分为多种类型,其中关系型数据库是最常见的。关系型数据库是建立在关系模型基础上的数据库,借助数学方法处理数据。绝大多数档案机构使用的就是关系型数据库。由于档案数据挖掘过程中涉及的异构数据增多,因此,需要非关系数据库参与,特别是文档型数据库。与关系型数据库相比,非关系型数据库在使用前不需要对相关的结构进行定义,使用时也具有较大的灵活性。具体来说,数据库的管理应根据数据挖掘过程的任务及时进行调整,满足其系统需求。由于数据挖掘更偏向探索性分析,意在从数据中寻找有价值的信息,并且这类信息经常不在预定的设计结构之内,所以在档案数据挖掘的过程中,常会带来数据类型等变量的不确定性,从而加剧已定义结构的不稳定性。随着数据挖掘技术的不断发展,结构需要不断调整,为此需要采用关系型数据库和非关系型数据库(如文档型数据库)相结合的方式减少不稳定性因素。

第二节 数据挖掘的现实价值

一、档案的多元分类

在档案整理的过程中,档案分类是一个特别重要的任务。事物一般都具有多重属性,按照不同的分类体系可以产生不同的分类结果。同样的道理,多重属性的特点在档案上也随处可见。例如,对常见的文书档案而言,目前的分类主要依据"全宗号—年度—机构(问题)—件号"的模式进行,在实际档案整理过程中,为了避免机构与问题这两类别的交叉,往往采取二选一的分类方式。机构运行时所产生的文书档案与活动、问题联系紧密,因此,所解决的问题、涉及的机构、相关的人员等内容特征必然会在文书档案中有所体现。然而这种二选一的分类方式会使未被选中作为分类依据的那部分内容的特点难以在分类体系中直接呈现出来,容易让人误以为相关信息有所缺失。此外,在档案著录方面,出于人力成本和时间成本的考虑,一般档案机构并不会对主题词等相关内容进行著录,从而导致这样的分类模式对档案编研产生直接影响。例如,在档案年鉴的编制过程中,经常会采用经济、政治、文化等相关元素的分类,以上的这种分类模式根本无法对年鉴的编制带来直接效益,反而会迫使编制人员重新进行查询和分类,以致浪费大量的时间。因此,档案的多元分类势在必行。在数据挖掘中,利用机器学习的原理可对文本进行自动分类,结合相关训练语料和包含 IDF、词性等数据的训练词典,能够极大地提高分类的准确性。在训练分类过程中,分类的结果与特点向量权值的计算方法密切相关,根据不同的计算方法可产生不同的结果,因此,通过制定不同的特点向量计算方法可达到产生不同分类器的目的,进而使档案能够进行多元分类。

二、档案信息的准确检索

档案检索是档案利用的一个重要途径。档案的形式特点、内容特点等信息经过数字化后形成的数据被保存在数据库中,经由检索系统返回结果数据,从而达到档案检索的目的。在整个检索过程中,档案检索的满意度和检索系统的查准率与查全率呈正相关。其中,查准率为检索出的相关信息量和检索出的信息总量的比值;查全率为检索出的相关信息量和系统中的相关信息总量的比值,从中可以看出制约档案检索的主要因素为系统中的检索算法和系统中的相关信息总量。在检索算法方面，随着信息技术快速发展，目前的检索算法基本可以达到令人满意的程度，加之受制于检索范围的限制，检索算法改进所带来的满意度提升已经到了瓶颈期，真正的影响因素实为系统中的相关信息总量，即包括档案原生的内容文本数据和档案的元数据。档案原生的内容文本数据就是直接呈现在用户面前，为人眼所能直接看到的文本；档案的元数据为档案著录时进行高度概括且能表现档案相关特征的数据，如主题词等。在档案信息检索时，检索的信息来源主要为元数据，而对主题词等一些元数据很少进行著录，因此所检索的元数据类型十分受限。常用的检索主要以题名为主。一般情况下，由于题名反映的是档案的主体内容，并不涉及内容的细微之处，在用户的需求符合主体内容的情况下，检索系统能够返回准确的内容，当需求涉及细微之处时，返回的结果常常不尽如人意。在此条件下，元数据的著录并不能满足所有的需求，所以有必要对档案的全文内容进行索引并提取相关内容信息。在数据挖掘的前期准备中，文本的分词具有至关重要的作用，是数据挖掘的一个基础，分词过程所产生的相关词能够作为索引的一部分，组成档案检索的信息来源。

三、档案内容的整合呈现

在档案利用方面，目前主要是以目的为导向进行利用，档案工作者或档案管理系统通过利用者的目的提供相应档案。这种利用形式是在目的和档案间建立单一的联系，当用户的目的单一、表达明确、不涉及范围时，现有的方案能够满足用户的需求。但是，当用户的需求不再涉及具体某一档案，而是需要某类档案时，这种方案并不能起到很好的作用，原因在于档案主题与档案之间没有建立起多重联系。例如，在档案编研时需要关于某一主题的所有档案，相关人员一般会凭借大概印象寻找这些档案，因此，可能遗漏许多档案。如果能够将档案和主题联系起来，就能够解决很多麻烦。由于长时间的积累，部门机构的档案不在少数，以人工的方式完成这一任务显然不可行，但是依靠数据挖掘技术却能较为容易地完成，相关人员只要辅助参与即可。档案数据挖掘除了能够将档案及其主题联系起来，还能将档案的其他属性和档案联系起来，主题只是档案的一个属性，其他的属性，如类别、价值等都能与档案建立起联系，从多种维度综合展现档案的内容。

四、档案鉴定的科学规范

档案鉴定中为何鉴定、为谁鉴定、谁来鉴定、如何鉴定等问题一直困扰着众多档案工作者，各个方面都颇有争议。[1] 在鉴定目的上，实体馆藏数量和库房容量的冲突与档案利用是主要的两个原因，前者是推动传统档案鉴定的直接诱因。由于档案数据挖掘立足于数字档案，其存储依赖计算机存储设备，理论上可实现海量存储，所以实体馆藏数量基本上对档案鉴定没有直接影响，档案利用才是档案鉴定的主要目的。档案利用是包括文件形成者和社会公众在内的所有用户利用档案的过程，利用时在必须保证档案固有特点的同时提高档案的利用效率，即保证用户在最短的时间内获取与其目的相符的最多档案，因此既要确保用户所有的档案包含在档案鉴定的结果范围内，又要缩小档案基数。目前，针对档案鉴定的人员主要有行政官员、文书工作者和档案工作者三类，鉴定的过程也紧紧围绕公正、现实意义等展开，对具体如何鉴定并没有统一的看法，仍然存在一定的争议。档案鉴定中矛盾的产生源于对鉴定看法的不同，导致最后的结果不尽相同，这样势必影响部分档案保留与否。如果想要将这部分档案所受的影响降至最低，只需保留所有人的意见即可。由于档案利用最终是面向用户的，用户的意见也应包括在内，但用户的意见是基于自身需求的条件所产生的，具有不确定性，未来更是无法预料的，因此收集用户意见无法实现。综合来看，最好的决策是弱化传统档案鉴定的结果，由相关人员以评级的方式进行处理。针对传统的纸质档案，这种方法

---

[1] 李萍.档案鉴定的理论取向与现实选择——由"档案鉴定是否应该弱化"观点争辩引发的思考[J].档案学研究，2017(05)：54—58.

具有非常高的成本,但是在电子文件方面并不难实现。在档案鉴定的前期,只需利用部分档案作为训练样本,由不同的人员根据不同的鉴定原则筛选相关档案,之后在数据挖掘过程中由计算机根据这些档案的特点对日后需要鉴定的档案进行自主处理即可,为保证结果的科学合理性,也可由相关人员辅助参与,共同完成档案的鉴定工作。

第三节 数据挖掘的设计原则

一、数据前提原则

数据挖掘虽然在一定程度上能够解决异构数据所带来的问题,但是并不代表数据挖掘对数据没有任何要求。数据前提原则在档案数据挖掘上具体表现为以下几点。

1. 数据量满足数据挖掘的要求,具体的最小数据量并没有在相关文献中提到,根据 scikit-learn(Python 平台的一个数据挖掘开源库)开发组的建议,数据挖掘的最小数据量为 50。显然,数据量越大,最后的结果越令人信服。

2. 保证所用数据的质量,即数据能够反映自身的信息。这一点在档案数据挖掘上特别重要。基于档案管理的相关要求,很多机构都会对纸质档案进行数字化,但是数字化产生的文档不能用于数据挖掘。因为数据挖掘所用的是文档中的文本数据,而数字化文档经过 OCR(Optical Character Recognition,光学字符识别)后并不能还原最初的文本数据,经常出现乱码、错别字等情况,所以档案数据挖掘所用的数据必须来自含有正确数据的电子文件。

3. 数据间应有一定的特点差别,不能具有同一性。例如,基建档案中的图纸类数据等就不符合这一要求。由于基建图纸类数据是通过建筑设计软件产生的专业领域数据,所有图纸几乎都是由线条构成的,在颜色、轮廓等方面没有明显的区分,特点非常不明显。

二、需求导向原则

档案数据挖掘应以用户的需求为导向,立足于满足档案管理活动相关人员的普遍需求,同时应将未来可能出现的状况考虑进去,做到出现问题及时应对。档案数据挖掘主要以电子文件为对象,一旦进入无纸化时代,整个社会的信息流将加快,单位时间内产生的电子文件将急剧增加,会直接增加档案管理的压力,不仅给档案管理系统的稳定性带来挑战,也影响着整个工作流程的可持续性。档案管理从档案收集、整理、著录、保管、鉴定到利用都是有秩序的流程,任何一个环节出错都可能导致后续档案工作无法开展,所以在档案数据挖掘设计时,势必要将各个环节人员的需求都考虑进去,保证管理有条不紊。

三、成本效益原则

档案数据挖掘系统的开发和大部分的信息系统一样,也需要投入大量的人力、物力,以及充足的资金加以维持。[1] 由于可供规划使用的资金不是很多,所以在档案数据挖掘投入上应量力而行,在满足大多数人需求的情况下,尽量降低研发所需的资金。同时,资金的支持与其产生的效益相关,如果一个项目不能产生明显的效益,那么对于整个机构而言,这就是一个失败的项目,成功申请到资金也是非常困难的。因此,在档案数据挖掘的研发上应更偏向于档案利用的目的,高效利用过去所产生的所有文件,在文化产品、辅助决策等方面都可以发挥档案应有的作用。

四、档案保护原则

数据挖掘的数据来源是档案,但并不意味着要使用原始数据。对于档案而言,原始数据有且只有一份,即使是拷贝后的电子文件,从数据的

---

[1] 宋书娟,余艳,贾丽娜.医院档案管理与信息化建设[M].长春:吉林人民出版社,2020.

性质而言,该数据也不是原来的数据。在档案数据挖掘的过程中,必须用到档案数据,因此,整个过程可能会带来不可逆的后果。一旦档案数据遭到损坏,那就意味着整个档案管理的流程将重新进行。考虑档案数据挖掘的效率,必须将数据出现损坏的情况降至最低,挖掘使用的数据应源于原始数据的拷贝,同时要对使用的拷贝数据进行备份,避免拷贝数据出现问题后对原始数据频繁读写,以降低过程中产生的数据风险。

第四节 数据挖掘的应用实践

一、档案元数据整合

元数据是用于描述数据的数据,目前除文本数据等少数类型的数据挖掘外,大部分数据挖掘仍基于具有结构特性的数据,如时间序列、数量特点等信息。在实际工作中,档案著录已经包含了众多著录项,除了必须著录的几个项目外,一般机构很少会对剩余部分进行补充,而在数据挖掘过程中,分析所用的元数据种类越多,越能获得可靠的信息,因此元数据采集变得尤为重要。但从成本可行性的角度考虑,前期采集任务投入是巨大的,此时有必要对文本内容进行语义分析,通过数据挖掘由计算机自动完成部分元数据著录。在数据挖掘模型构建前,可以事先制定一个可扩充的元数据集,如表 3-1 所示,需要整合的元数据应涵盖档案分类整理、保管鉴定、开放利用等主要活动,具体可包括档案基础类元数据、档案扩展类元数据、个体特点类元数据和档案评价类元数据。

表 3-1 元数据类别及其构成

元数据类别	构成
档案基础类元数据	《档案著录规则》(DA/T 18—1999)中规定的元数据
档案扩展类元数据	对象:姓名、性别、年龄、职位、机构等 事件:时间、地点、类别、事件重要程度、事件主题等

续表

元数据类别	构成
个体特点类元数据	文件产生者:姓名、性别、职位、机构等 档案工作者:姓名、性别、职位、机构等 普通公众:姓名、性别、年龄、利用目的、利用时间等
档案评价类元数据	评价人、满意度、重要程度、最高评分、最低评分、平均评分、方差、利用率等

(一)档案基础类元数据

档案基础类元数据是指用于描述档案基本属性和特征,以支持档案管理和利用的基础性数据元素集合。基础类元数据必须具有稳健性,不能视情况而改变,因此这类元数据可使用《档案著录规则》(DA/T 18－2022)中规定的内容。其中,部分必须著录的元数据对于一般的档案机构都应具备。

(二)档案扩展类元数据

档案扩展类元数据是用于描述档案内容的元数据,主要为分类整理、保管鉴定、开放利用等档案管理活动服务。与基础类元数据相比,档案扩展类元数据更侧重于档案的内容特点。在档案的产生过程中,主要涉及对象和事件两个因素,其内容至少会围绕其中一个因素展开,因此又可细分为对象类元数据和事件类元数据。对象类元数据为描述对象的元数据,假设对象为人时,依据人的属性,可将元数据扩展为人名、性别、年龄、职位、机构等项,在有与对象相关的外部数据库时,部分元数据可直接调用;事件类元数据为描述事件起因、经过和结果的元数据,依据事件的属性,可扩展为时间、地点、类别、事件重要程度、事件主题等项。

(三)个体特点类元数据

个体特点类元数据是对涉及档案管理的相关个体描述,包括文件产生者、档案工作者和普通公众。个体特点类元数据用于探索性分析,文件生产者元数据可用于诸如档案基础元数据中整理人等信息的自动著录,档案工作者的元数据可辅助参与档案鉴定等活动,二者的构成可包括姓名、性别、职位、机构等因素。对于普通公众的元数据,这类元数据分析可用于提供针对性个性化服务,提高档案服务水平,依据普通公众的特点可将其概括为姓名、性别、年龄、地区、利用目的、利用时间等。由于档案馆档案利用规定,普通公众在利用档案时必须出示能证明其本人身份的证件,因此对于个人基础数据收集并不难实现。

(四)档案评价类元数据

档案评价类元数据是用于对档案各个维度进行评价并做辅助决策的相关元数据,主要为评价指数。在档案保管鉴定、开放利用的过程中,档案对于普通公众和鉴定人员都有不同的重要性,因此此类元数据只能反映平均水平,所设立的元数据包括评价人、满意度、重要程度、最高评分、最低评分、平均评分、方差、利用率等,具体数据可源于参与档案活动的个体,最后用于存储的部分数据为计算过后的结果,如平均评分、方差等数据都是在有一定基数的前提下才计算出来的。

二、档案库的设计

(一)档案需求分析阶段

数据库设计的前提是了解用户的实际需求,需求分析是整个设计过程的重中之重,分析结果的好坏关系到整个数据库设计得成功与否。需求分析的任务是通过调查现实世界的对象,根据实际工作中的流程环节确定用户的需求并开发符合相关人员工作要求的系统功能。需求分析必须满足信息要求、处理要求和安全完整性要求,其中后两个要求和档案数据挖掘关联不是很紧密,主要偏向于系统主体功能完成后的细节改善,如处理效率等。因此,档案的数据挖掘应更关注信息要求。信息要求指的是用户从数据库中获取的数据能反映用户需求中包含的信息内容与性质,该要求直接取决于档案数据的来源。在数据来源方面,信息要求中所规定的信息直接源于档案数据挖掘的应用需求,用户的需求决定最后收集的信息。从参与档案管理活动的个体来看,需求分析阶段的用户主要分为文件产生者、档案工作者和普通公众三类。在档案管理活动中,文件产生者产生的电子文件在归档时,经过信息分离将文件的内容和属性分开临时保存;而后档案工作者对该文件的属性数据和内容数据同时进行收集,并对文件进行分类和著录,在文件属性的基础上补充规定中所缺失的元数据,在具有一定数量的训练样本的情况下也可由计算机通过数据挖掘自动进行分类和著录;之后分别建立数据库对元数据和文本数据进行存储,待以上过程完成之后,可供普通公众开放利用。在档案利用阶段,应建立用于存储普通公众利用满意度等相关评价指数的数据库,经由反馈系统将信息返回至档案数据挖掘过程,结合数据挖掘中与档案鉴定相关的功能重新更正数据库中的数据,并重新返回至档案利用过程。

(二)概念结构设计阶段

概念结构是对现实世界的一种抽象,数据库的概念结构设计是根据需求分析的结果,将用户对数据的需求综合成一个统一的概念模型,能真实、充分地反映现实世界。该模型要求不仅能够反映物与物之间的联系,而且必须能够满足用户对数据的处理要求。概念模型构建可利用自底向上的方式来完成,从每个个体基础的工作环节入手,而后将所有细小环节整合成一个完整的工作流程。首先,应对现实世界的实体进行抽象化处理。其次,在档案管理活动中,涉及的实体主要为人(文件产生者、档案工作者、普通公众)和事物(档案)。每个实体都具有相应的属性,如人具有姓名、性别等属性。根据现实的工作流程可在各个实体间建立相应联系。最后,形成一个基本的E—R模型,属性可根据相关元数据设立。需要指出的是,档案元数据为元数据集合,包括档案基础类元数据和扩展类元数据;文件内容和文件属性为一个文件的两个部分,这里将其分为两个实体是为了更直观地表现档案数据挖掘的基本步骤。

(三)逻辑结构设计阶段

逻辑结构设计是把概念结构设计阶段设计好的E—R模型转换为相应的逻辑结构,并且该结构能够被数据库管理系统所支持,如关系型数据库必须用于表格模型,其逻辑结构应符合该模型。以文件产生者产生文件属性的过程为例,文件产生者的实体转换成的关系模式为"文件产生者

(文件产生者 ID、姓名、性别、职位、机构、其他)"，其中"文件产生者 ID"为具有唯一标识的主键。同样的道理，文件属性的实体转换成的关系模式为"文件属性(文件 ID、创建人、创建日期、类型、其他)"；产生过程转换成的关系模式为"产生(生产者 ID、文件 ID)"。因此，1∶n 的联系将实体合并后产生的关系模式为"文件产生者(文件产生者 ID、姓名、性别、职位、机构、其他、文件 ID)、文件属性(文件 ID、创建人、创建日期、类型、其他)"，两个实体通过"文件 ID"建立联系。其他实体间的联系建立完成后，得到的关系模式总结为表 3-2。

表 3-2　关系模式

联系	关系模式
文件产生者—产生—文件属性	文件产生者(文件产生者 ID、姓名、性别、职位、机构、其他、文件 ID)
	文件属性(文件 ID、创建人、创建日期、类型、其他)
档案工作者—收集—文件属性	档案工作者(档案工作者 ID、姓名、性别、职位、机构、其他、文件 ID)
	文件属性(文件 ID、创建人、创建日期、类型、其他)
档案工作者—分类著录—档案元数据	档案工作者(档案工作者 ID、姓名、性别、职位、机构、其他、文件 ID)
	档案元数据(档案 ID、档号、门类、时间、其他)
普通公众—利用—档案元数据	普通公众(普通公众 ID、姓名、性别、年龄、其他)
	档案元数据(档案 ID、档号、门类、时间、其他)
普通公众—反馈—评价指数	普通公众(普通公众 ID、姓名、性别、年龄、其他)
	评价指数(评价 ID、满意度、其他)

在数据库的逻辑结构设计阶段，逻辑结构的设计是针对关系型数据库而言的，每个联系都能转换为具有稳定结构的二维表，日后数据库表结构更改的可能性较小。上述关系模式表中列举的是能够在关系型数据库

中存储的数据,主要为元数据整合中的档案基础类元数据、个体特点类元数据和档案评价类元数据。档案扩展类元数据并不适用于这种方法,原因在于档案扩展类元数据的灵活度较大,不具有稳定的结构,例如:对于文书类档案,档案的内容偏向于具体的事件,包含事件发生的时间、地点、人员等;而对于会计类档案,档案的内容偏向于与会计活动相关的数据,等等,无法再用发生的时间、地点、人员来表示。因此档案扩展类元数据的结构无法准确定义,应采用 JSON(JavaScript Object Notation,JavaScript 对象表示法)(一种轻量级的数据交换格式)等格式表示,并保存至文档型数据库。同样的道理,关于文件内容部分的联系也不适用该方法,需要采用与档案扩展类元数据相同的处理流程。

(四)物理结构设计阶段

数据库的物理结构设计就是根据需求确定合理的物理设备存储结构和数据存取方法。通俗地讲,就是减少物理存储空间的占用,提高数据操作的速度。在关系模式存储方法的选择上,可供参考的有索引方法、聚簇方法和 HASH 方法,三种方法各有优劣,出于数据库维护的方便性考虑,采取索引方法中最为常见的 B+树索引方法即可。索引存取实际上就是根据系统开发应用要求确定对哪些属性建立索引、组合索引等,并同时设计出唯一的索引。[①] 根据逻辑结构设计阶段的关系模式,ID 类数据是连接各个实体的必要参考,是必须建立索引且为唯一索引的,其余的元数据也可根据使用的频率考虑是否建立索引,但是索引的数量不宜过多,否则会占用较大的存储空间。在数据库存储结构的确定上,最重要的是考虑数据的存放位置和存储结构,需从存放时间、存储空间利用率和维护代价等方面综合进行考虑。一般情况下,具体的操作实践是根据应用情况将易变与稳定、存取频率高和存取频率低的数据分开存放。结合逻辑结构设计阶段的内容,档案基础类元数据、档案评价类元数据属于稳定、存取频率高的数据,档案扩展类元数据、文本数据属于异变、存取频率高的数

[①] 王平,安亚翔.大数据时代的档案信息平台建设[J].档案与建设,2015(10):8—13.

据,个体特点类元数据属于稳定、存取频率低的元数据,因此,可以建立三个数据库存放相应的数据。档案基础类元数据、档案评价类元数据、个体特点类元数据由两个关系型数据库负责存储,档案扩展类元数据、文本数据由结构能够灵活调控的一个文档型数据库负责存储。

(五)数据库的实施阶段

数据库的实施阶段主要指完成选择数据库、建立数据库、数据载入和应用程序调试等工作。首先,应确立具体使用哪类数据库。其次,确立具体选取哪个数据库。在关系型数据库的选择上,市场占有率较高的主要有 Oracle、Microsoft SQL Server、My SQL;从稳定性来看,从高到低依次为 Oracle、Microsoft SQL Server、My SQL;从购买成本来看,从高到低依次为 Oracle、Microsoft SQL Server、My SQL。具体选择哪个数据库可根据机构自身的经济实力并结合其他因素加以考虑。在文档型数据库的选择上,根据 DB-Engines 的数据,目前市场上的文档型数据库有 Mongo DB、Amazon Dynamo DB、Couchbase、Couch DB、Microsoft Azure Cosmos DB。其中,Mongo DB 的市场占有率远高于其他几款。同时,考虑维护的成本,文档型数据库可以选择 Mongo DB。在数据库选择工作完成之后,建立数据库、数据载入和应用程序调试等任务可根据实际的系统要求来进行。

(六)数据库的运维阶段

由于系统需要经常更新才能保证安全高效,在数据库运行阶段,软硬件故障随时都可能发生,因此在实际使用时必须做好数据的备份工作,以防数据丢失,避免造成业务无法开展。此外,相关人员对新系统的熟悉需要一段时间,期间应及时做好相应的培训工作。

三、档案数据的预处理

(一)数据预处理原则

在数据预处理的原则上,根据档案数据结构性的不同,数据的预处理应采取的方式也不同,常用的方法主要有数据清理、数据集成、数据变换、数据归纳等。无论采用哪种方法,数据的预处理都应以目的性和可行性并行为原则。针对结构化数据,数据预处理的方法在很大程度上是通过数学运算实现的,处理后的目的也较偏向于数据分析等方面。由于档案数据挖掘是为档案相关活动过程服务的,如果结构化数据预处理后的目的为数据分析(此处的数据分析为最终目的,而非实现档案数据挖掘目的过程中所用的数据分析方法),则该过程不涉及档案活动,在应用范畴上属于统计学的领域,对后续的档案工作帮助不大,所以在档案数据预处理的方法上应有所侧重,使之更符合档案业务的特点。针对非结构化数据,考虑目前数据挖掘技术的限制,除文本类的数据外,其他可被计算机识别的图片、音频、视频等数据仍不能很好地进行数据挖掘,因此出于成本效益的考虑,在数据挖掘过程中可将除文本以外的其他类型数据剔除,只保留数字档案中的文本内容,并进行相关处理,使之转化为半结构化数据。

(二)数据预处理实施

首先,由于档案数据的特性主要在于描述,而非衡量,所以在结构化数据的预处理上只需进行数据集成和数据清理即可。在文件产生者产生文件的过程中,文件自身会附带许多属性,档案工作者在著录的过程中可将相关属性转换为可供利用的元数据,同时应聚集数据挖掘过程中产生或重新更正的元数据,这整个过程为数据集成。数据集成工作完成后,需要对档案数据进行清理,主要从缺失值、错误值和噪声数据几个方面入手。在缺失值的处理上,常采用忽略、删除、填补的方法。其中,删除是将某一记录连其所有属性全部删除。档案数据在一定程度上没有达到大数据的程度,包含的数据量仍然较少,采用删除的方法将会导致数据大量丢失,所以该方法不适用于档案数据。预处理前期可采用忽略的方式,即放置不管,中后期可采用"人工辅助+数据挖掘自动填补"的方法进行处理。在非结构化数据处理上,一般流程为"文本提取—分词处理—特征提取"。

1. 文本提取

将文件内容中除文本以外的其他类型数据进行剔除,只保留文本数据。数据挖掘在图片等其他非结构化数据上的处理能力有限。

2. 分词处理

常用的分词算法主要基于三种元素：词典、理解和统计。①基于词典的分词算法是通过匹配机器词典中的字符串判断是否有该词，其准确率取决于机器词典的大小。②基于理解的分词算法是根据语句中句法和语法的构建特征判断是否有歧义词的出现。如果出现歧义词，则利用相应对策加以解决。③基于统计的分词算法是基于语料库建立分词模型，计算各个分词在模型中出现的概率，而后将概率最大的分词作为最终结果。该过程通过监督学习或无监督学习进行，并不断完善模型，其准确率和语料库有一定关系，语料库一般由人工标注完成。

档案数据预处理的具体选择需要考虑档案数据的特点。由于档案文本内容大多数情况下都为书面化表达，文字上具有规范性，因此对档案内容的中文分词宜采用基于词典的分词算法和基于统计的分词算法相结合的方式。

3. 特征提取

每个文档（此处的文档为算法中的特定词汇，就是上文的文件）都是一个向量，其分量就是文档中出现的每个词的频率，因此一个小篇幅的文档也会出现成百上千的分量。我们不能纯粹地把词出现的频率作为权重，而应结合停用词表（包括虚词、标点、部分实词等）进行关键词特征提取操作，去除停用词以提高数据预处理的效率。特征提取分为特征选择和特征抽取两类。前者指的是从原有的特征中提取出少量具有代表性的特征；后者是在原有特征的基础上重构新的特征。二者的本质区别在于特征选择没有创造新的特征空间，仍然是原来的那部分词，而特征抽取会重构新的特征空间，最后的结果可能为一些新词。为了尽可能还原档案的原始内容，可以采取特征选择的方式。根据不同的特征选择和权重计算方法，文档会变为不同的向量空间模型，常用的处理算法有 DF、TF-IDF、互信息、期望交叉熵、信息增益方法、遗传算法、模拟退火算法等。

（三）数据预处理评估

在特征提取过程中，提到了常用的一些算法。这些特征选择算法实质上是以数学的方式评估可能出现结果的优劣，其中的数学方式就是构建评估函数，因此，评估函数的好坏决定了特征提取的最终效果。根据评估函数的特点，可将特征选择算法分为两类：类间相关评估函数和类间不相关评估函数。类间相关评估函数会基于已定义的所有类别综合考虑相关词出现的情况，相近类别的区分度能够得到一定提高，常用的特征选择算法有期望交叉熵、互信息等；而类间不相关评估函数是基于该文档直接判断相关词出现，而不考虑类别的情况，常用的特征选择算法有 DF 等。两类特征选择算法各有优劣，类间相关评估函数能区分类别，但是仅限于区别已定义的类别，对未定义的类别无能为力；而类间不相关评估函数在特征词出现交叉或相近时，会出现很多相似的词条，造成难以区分类别，并且类间不相关评估函数对分类词表的要求较高，需要花费大量的人力构建。从档案工作的实际考虑，一般档案机构的人力有限，通过分类词表构建庞大的训练集显然不具有可行性。同时，类间不相关评估函数要求特征在统计学上满足独立性，而现实中这一条件很难满足，因此，档案数据的特征提取宜采用具有类间相关特点的部分算法。

四、档案数据文档建立

档案数据文档是一种独立于档案实体，用于描述档案内容及其相关信息的数字文档，其建立的目的是维护档案元数据并保证数据挖掘过程的高效性和可行性，避免数据挖掘过程中与其他数据库频繁交互。档案数据挖掘的对象主要涉及元数据和档案文本内容，而数据文档中数据的来源同样源于这两个部分，由结构化的数据与半结构化的数据构成，即档案元数据和特征向量（经处理过的档案文本内容），最终是以半结构化的数据呈现。由于前期著录阶段的档案元数据并不完备，在实际运行过程中需要不断更新该数据文档，为了维持关系型数据库的稳定性，建立后的数据文档只有在稳健的情况下才能用来更新元数据，因此数字文档建立可使用灵活扩展的JSON格式,其存储可使用能识别JSON数据的文档型数据库。使用JSON格式而非XML(Extensible Markup Language,可扩展标记语言)的原因在于JSON更加轻量化,能更方便地用于数据交换,系统处理JSON的效率相比XML更高,而且系统在将非结构化数据转换为半结构化数据的过程中会产生大量负荷,因此JSON更适合用于建立数据文档。JSON数据以档案ID为唯一区分度,将四类元数据作为该档案的共同组成内容。在实际的业务开展过程中,经常会出现以个体信息为关键词查询档案的操作,其中就产生了个体→档案的联系。为了避免此联系带来业务上的不便性,如果涉及个体和档案间的单向联系,可在系统开发时设计相关的调用功能,如返回某个用户使用过的档案(个体→档案)。虽然直接从数据文档中查找档案ID与其共同出现的用户ID也具有操作的可行性,但是在时间复杂度上远高于直接从相应数据库中调用数据。因此,对于这类不以档案为主体的需求可直接通过调用数据库中的数据加以解决。

五、区块链技术的应用

(一)区块链的概念、特征与技术

1.区块链的概念

区块链指的是一种链式的数据结构,其中链上每个区块以时间顺序相连,利用密码学等进行数据交换和存储。区块链技术是指不依赖第三方,通过自身的分布式节点进行数据交换和存储的一种技术方案。

2.区块链的特征

区块链技术作为比特币的底层技术,具有去中心化、不可篡改性、可追溯性、开放性和匿名性的特征。

(1)去中心化

由于使用分布式核算和存储,没有集中的硬件或管理组织,任何节点的权利和义务都是平等的。区块链中的数据块由节点进行共同维护,节点的罢工不会对系统的整体运行产生任何影响。

(2)不可篡改性

一旦信息被验证并添加到区块链,将被永久存储。单个节点上的数据更改将被视作无效,除非系统中有超过一半的节点同时受到了控制。因此,区块链的稳定性和可靠性极高。

(3)可追溯性

区块链是相互关联的数据结构链,链上的信息按时间顺序排列,任何数据都可以按时间顺序追溯到原始数据源,从而产生区块链的可追溯性。

(4)开放性

除私人信息外,区块链上的数据对所有人开放,任何人都可以通过开放的界面进行区块链数据查询,并开发相关应用程序。因此,整个系统上的信息高度透明。

(5)匿名性

区块链采用非对称加密等技术,每个节点将私钥作为对应的公开密钥。在信息传送时,不需要验证双方真实身份,只需验证有效签名即可,因此有匿名性。

3.区块链的关键技术

区块链技术不是一个单项的技术,而是一个集成多方面研究成果的综合性技术系统。区块链的关键技术包括以下几种。

(1)共识机制

共识机制指的是多个节点间可以跳过中央机构验证某一数据,参与者在共同认可的规则下达成一致。如果要修改某个数据,就必须修改该区块以及后续块的信息。共识机制不仅可以作为一种识别手段,而且可以避免虚假交易和信息篡改。

(2)数字时间戳

数字时间戳是一个经加密后形成的具有标准格式的电子文件。用户将加密后的文档摘要发送到数字时间戳给予中心(CA),由 CA 加盖时间戳进行加密,并返还给原用户。它可以验证自添加时间戳以来内容是否被修改。

(3) 非对称加密

非对称加密指的是在信息传送过程中,用户使用一组配对的密钥,公钥用来加密,配对的私钥用来解密,私钥必须由发送方保密,并且只能由指定人所有。

(二)区块链用于档案管理的 SWOT 分析

1. 优势(Strengths)分析

(1)加强档案管理主体治理职能,提高档案信息处理效率

区块链的共识机制将每个主体联系在一起,提供合作的平台。同时,系统中的数据块由所有具有维护功能的节点共同进行维护。换言之,任何人都可以是档案的管理者。如此使档案管理的主体变得多元化,在加强档案管理主体治理职能的同时,提高档案信息的处理效率。

(2)丰富档案资源,解决档案收集难、鉴定难的问题

区块链的去中心化特点和档案的分散性在某种程度上具有高度的一致性。某一链上的节点主体在上传信息后,其他节点的所有主体都能够及时看到该信息,同时任何主体都可以上传和访问档案信息,大众参与方便且成本低廉。这样一来,一方面可以解决档案因过于分散而收集困难的问题,大幅丰富档案资源;另一方面可以方便快捷地实现档案更新与补充,使信息征信存疑等档案信息处理问题得以解决。

(3)保证档案的安全性、真实性和完整性

区块链具有去中心化特点,采用共识机制、数字时间戳和非对称加密等技术,使之能够记录下任何外部攻击数据的行为。以往电子档案存在易被修改的弊端,相关人员利用这一漏洞,对档案信息进行篡改或伪造,破坏档案的真实性和完整性。区块链的不可篡改性使数据高度可靠、信息价值唯一,因此,保证了档案的安全性、真实性和完整性。

2. 劣势(Weaknesses)分析

(1)区块链在技术上存在限制

例如,在区块链金融方面,区块链交易的频率低、速度慢,只能实行逐笔清算,不能处理复杂的执行逻辑。区块链应用于档案管理也将面临数据处理速度过慢的问题。此外,应用程序的前期准备还将涉及现有IT系

统的相关问题，这是一个复杂的设计过程，往往要消耗较多的人力、物力。

(2)区块链在安全上存在风险

区块链的安全性是以大量的可信计算节点为基础的，确保在其发展之前不会受到来自外部的数据攻击，这是一大挑战。当计算节点的数量过少时，会出现有51%的节点容易被攻破的情况，区块链的安全性不能够得到保障。虽然在理论上大概率不会出现这个情况，但是不能完全避免小概率情况的发生。同时，链上的记录有被推翻的风险，不能完全确保区块链就一定是安全的。

(3)档案的保密性原则与区块链的去中心化特点相悖

档案的集中化管理有利于档案的集中建设，有效地避免了权利的确认问题，一般按照档案的产生主体进行档案移交和统一进馆管理，并且大多数档案需要用户主动进行查阅才能进行阅览利用。档案的开放数量有限，而区块链具有多重主体，权利确认不明确。除了部分私密档案外，任何人都可以对档案进行修改和管理。换言之，档案的主体众多，同时档案的开放数量大幅增多，弱化了档案保密性原则的存在。

3. 机会(Opportunities)分析

(1)信息技术发展和国家政策支持。在信息化时代背景下，为了推动区块链技术的发展，工业和信息化部深入研究了区块链技术在金融领域和实体经济中的应用。

(2)效率提高，整个行业成本下行。区块链技术的去中心化和开放性特征使档案管理变得更加方便快捷，任何人都可以是档案的管理者，这提高了档案管理工作的效率，节约了成本。与档案管理的电子化类似，从纸质档案管理到电子档案管理的转变节省了大量的人力、物力，区块链一旦被大范围应用于档案管理领域，整个行业的效率将得到大幅度提升，管理的成本将随之下降。

(3)有一定的制度标准和成功应用的经验。

4. 威胁(Threats)分析

(1)开发和推广的门槛相对较高

区块链对计算资源和存储资源的需求很大，一般的企业公司没有能力应用区块链,其开发和推广的门槛也相对较高。

(2)数据写入的交易成本较高

存储在区块链中的信息都是以交易的形式实现的,因此,每次写入数据都需要支付一定数量的数字货币作为交易费用。而档案管理人员往往会通过档案管理系统对文件进行添加、删除或修改操作,需要缴纳多笔的交易费用,因此,通过区块链进行数据写入的交易成本无疑是很高的。

(3)提高效率并不等于增加利润

一般而言,区块链会提高档案机构的管理效率和盈利能力,但是在特殊情况下,提高效率并不等于增加利润。公司会在行业的竞争压力下将成本传递给客户,间接提高档案管理的费用。因此,区块链可能会对档案托管人的收益产生负面的影响。

(三)基于SWOT分析的"区块链+"档案管理战略定位

1. 优势——机会战略

(1)构建基于区块链技术的数字档案管理系统

档案管理工作应随着时代发展潮流,形成现代化的档案管理模式。区块链使任何人都可以上传和访问档案,人员参与方便且成本低廉。同时,多人访问有利于解决档案内容存疑问题,完善信息资源共享机制。因此,在原有的数字化管理系统的基础上引入区块链技术,构建具有区块链的数字化档案管理系统,一方面有利于档案数据挖掘利用,另一方面能够使档案和其他领域职能协调管理,使档案深入参与社会活动。

(2)加强区块链人才培养,引进专业档案管理人员

目前,具有档案和区块链双重背景的复合型人才较少,尤其是区块链技术人才短缺。政府应把握好发展机遇,加强对区块链人才培养,建立完整的人才培养体系,要建立起校企合作渠道,在全国重点院校、科研单位和技术企业之间进行合作,加强对数字时间戳等关键技术开发,维护数字档案的安全性。各单位也要重视数字化档案,引进具有档案学和计算机等多重背景的专业人员,对他们进行入职培训,提升其业务素养和综合素质,使之遇到紧急情况时能有相应对策。

(3)抓住机遇,率先探索区块链在档案管理中的运用

要把握住区块链发展的机遇,跟上时代发展的潮流。目前,区块链应用行业广泛,如政府管理、边境管制、国土安全、医疗卫生、供应链管理、不动产交易等,但在档案管理中实际应用不多。企业和各行政机构部门应率先探索区块链在档案管理中的应用并从中受益,从而在区块链发展的浪潮中立于不败之地,带领行业发展。

2. 优势——挑战战略

(1)加强对区块链技术发展的政策支持

对外要进行国内外合作,对内要与科技公司合作。要鼓励权威档案部门单位广泛参与国内外的区块链项目,与开展相关区块链研究的技术公司进行交流与合作,加强区块链技术开发和利用。同时,通过权威档案部门单位与科技公司有效合作,推动区块链技术在档案管理领域中的应用。

(2)加强对区块链技术发展的资金支持

目前,区块链技术还没有发育成熟,基于此的产品开发和推广门槛相对较高,想要做好区块链,就需要投入大量资金,这超出了许多单位机构的经费预算。而且文件进行修改变动时,每次数据写入都需支付一笔费用,数据的交易成本较高,对此也需要大量资金的支持。

(3)改革管理流程,优化区块链的数据结构,开发出更好的参考数据

区块链技术使档案管理工作效率得到大幅度提高的同时节约了成本。各机构和部门单位想要从中获利,就必须先降低成本,开发出更好的数据,对管理流程进行改革,优化区块链的数据结构,以领先以往的档案管理行业,从而获得巨大优势,将优势转化成利润,实现投资回报。

3. 劣势——机会战略

(1)制定相关法律法规,明确权利确认问题

区块链具有多重主体,对于信息上传和修改,任何人都具有权限,权利主体的确认不够明确。区块链也会催生出加密法,即以自治的无中心代码取代立法者或法官并解决纠纷的一套规则。因此,一方面,对运用区块链技术、具有数字时间戳等印记的数字档案,认为其同纸质档案一样具

有法律效力,将新兴的区块链技术补充添加到现有的法律法规中;另一方面,可以针对区块链档案制定一部新法,明确规定区块链主体的权利以及其他问题,如非法侵入计算机信息系统、非法获取计算机信息系统数据等。同时,要做到具有针对性、可变性和通用性,使法律较为具体,能够及时更新。①

(2)结合互联网,构建其他档案管理网络渠道

在档案收集整理上,可以利用网络传输速度快和信息共享效率高的特点搭建网络信息平台,通过智能设备传输文件,从而节省人力。而且在智能设备的帮助下,可以将纸质文档数据输入档案数据库中,这样不仅大幅减少了工作量,而且实现了从纸质档案到电子档案的转换,使之更容易进行数据挖掘和信息资源的开发利用。

4. 劣势——挑战战略

(1)推进区块链背景下的档案标准化建设

国内关于区块链的标准制定工作已取得了一部分进展,政府应积极参与区块链国际标准和规则的制定,在区块链档案应用领域密切关注国际和地区统一标准,并结合我国档案领域的实际情况,探索应用场景,明确其标准化路径。

(2)不断改进区块链技术,使之更加成熟

可以针对这些问题提高算法的有效性和运算效率,改善链结构,并提出相应的共识算法,使其向高性能、高适应性和可扩展性的方向发展,使区块链技术得以日益成熟,渐趋完善。

---

① 景鑫.信息化背景下的电子档案资源保存研究[J].山西档案,2018(06):41—43.

第四章 数字化档案管理的创新

第一节 多载体档案统筹管理

一、档案目录信息统筹管理

无论是电子版档案还是纸质版档案,无论是手工管理还是利用计算机进行自动化管理,档案的整理、分类和编目始终是档案工作的重要组成部分。档案目录不仅是各级各类档案馆提供档案服务利用的基础信息,也是实现档案检索和提供档案利用的重要依据。

在馆藏的传统载体档案中,手写档案目录是最普遍的形式。而新归档的各类档案可能会形成机读档案目录,这些目录可能以 Excel、Access、Word 或关系型数据库的形式存储。为了更好地满足档案利用者的需求,档案馆必须整合现有馆藏和以后归档的所有档案的目录信息,按照来源原则或信息分类方式进行分类、整合和合并,从而生成一个能够覆盖各类档案资源的目录信息,利用档案管理信息系统对档案目录信息进行统一管理,实现目录信息的资源共享和统筹管理。我们需要摒弃某些档案馆长久以来的做法:数字化档案是通过管理信息系统来管理的,而纸质档案则是通过手工翻本的方法来检索的。在档案馆实施信息化过程中,目录信息的数字化也是很重要的一项任务。

档案目录信息的整体管理涉及案卷目录与卷内文件目录之间的关联管理,这意味着应尽量将卷内文件目录进行计算机化管理,并与相应的案卷目录建立联系,从而实现:当检索到案卷目录,便能方便地浏览其卷内文件目录,从而提高检索结果的准确性;当检索到卷内的文件目录时,可以迅速地找到与之对应的案卷目录及其所在的库房存址,从而更方便地调卷。

由于档案馆在人、财和物等方面的资源限制,档案的信息化工作是一个逐步推进的过程,不可能一蹴而就。因此,根据业务工作的紧迫性,首先需要解决一些重要的问题。部分档案馆在开始实施信息化时,主要关注新接收档案的目录构建和全文管理,而将现有档案的目录和实物数字化视为第二阶段的工程来实施。具有较高实力的档案馆会同时进行两项任务,目的是提高档案的数字化处理和信息技术的应用效率。不管选择哪种策略或方法,档案信息化的终极目标都是将档案馆内的所有档案进行信息化的统筹管理。这不仅为档案工作人员提供了便利,也为档案利用者提供了便利,并为未来档案资源的社会服务和信息共享打下了坚实的基础。

二、档案目录全文一体化管理

档案全文,一方面是指馆藏档案内容的数字化信息,如缩微胶片、照片以及纸质档案数字化形成的静态图像文件,磁带、录像带等经过模数转化后形成的声音、图像等多媒体文件;另一方面是指各机构使用计算机和办公自动化系统等产生的电子文件归档后形成的数字化档案信息。这些全文信息是档案的内容实体,与档案目录信息相比较,档案全文能够提供更详细、更完整和更准确的内容和信息。

数字化信息最大的特点在于其利用的方便性和检索的快捷性。档案馆投入了大量的时间、人力、物力和财力来进行档案的数字化处理和电子文件的接收,这样做的主要目的是方便利用。对于经常使用的历史档案而言,这也是为了更好地保护档案。

在信息化管理领域,实施目录全文一体化管理被认为是一种相当有效的方式。其核心工作原理是首先在档案目录内进行检索以缩小搜索范围,随后再进行全文检索,以便更准确地确定查档的目标。一种常见的方式是利用关系型数据库管理系统对档案目录信息进行集中管理,将经过扫描的图像文件和新收到的电子文件档案以文档对象或文档形式存储在文件服务器或内容服务器上,并根据特定的访问规则将档案目录信息与这些文件对象相连接。在检索到档案的目录信息时,便可以查看并检索全文。在信息系统环境下,还需根据系统设定的用户权限,对目录和全文进行适当的浏览和检索操作。

实施"目录全文关联归档",要求档案工作者转变传统的工作方法,从档案利用者的需求出发,分析档案被利用的范围和特点,遵循档案管理的原则和标准,对部门形成的数字化档案实行即时归档,将"目录全文关联归档"的思想贯穿电子档案形成的全过程。档案馆的工作人员也要充分利用现代化管理手段,通过网络开展指导、鉴定、归档与管理工作,将工作重点转移到分析档案利用者的需求、开发档案资源的编研与开发、监控电子文件的形成过程,将工作模式从"被动接收"转变为"主动挑选",将真正有价值的、值得保存的电子文件转化为未来社会需要参考和利用的档案资源。

三、档案工作的双轨制

双轨制是指在文件形成处理、归档、保存、利用等过程中,纸质文件和电子文件二者同时存在,两种载体的文件同步随办公业务流程运转,同步进行归档、同步进入归档后的档案保管过程。

实行双轨制的机构,在文件进入运转程序时就以电子和纸质两种载体并存,业务人员要对同样内容的两份文件进行并行办理。由此看来,双轨制的核心是从文件的产生开始就以两种载体形式记录各项社会活动的信息。这些记录中有保存价值的将作为档案进入归档阶段,将纸质和电子的记录同时移交到档案馆。实行这种从头至尾的彻底双套做法是各行各业信息化应用的初级阶段,特别是在《中华人民共和国电子签名法》发布之前,电子文件的法律效力无法认可,电子文件的安全性、真实性和完整性很难得到保障。有了法律保护,电子签名具有了与手写签字或盖章同等的法律效力,电子文件与书面文书具有同等法律效力。借助于网络环境、数字签名、身份认证等技术,确保电子文件从产生、审批、流转、会签、归档等各个过程的原始、完整、有效和可读,实现无纸化办公,成为21世纪人们追求高效率和科学化、规范化、自动化管理的现实需求。在这种形势下,是否还需要在文件的运转过程中实行双轨制成为大家关注的焦点问题和热点问题,也是学者们研究的重点。

就网络、电子环境本身而言,尽管他们存在先天的"不安全"和"淘汰快"等缺点,但每一种新的服务器、存储器、数据资源管理系统的出现都会兼容老的版本或出台新的数据转换方法或迁移方法,目的是确保原来的电子数据不失效或可读。

全面实施双轨制不仅需要投入大量的人力、财力和物力,而且在电子文件形成过程的管理上也相当复杂。因此,众多单位选择了"双套归档"的做法,一是在正式归档之前,先为办公自动化系统中电子文件制作纸质拷贝,然后在归档过程中将这两份文件同时移交给档案馆;二是对纸质文件进行数字化扫描和文字识别处理,从而生成纸质档案的电子拷贝。由此,存储的电子文件可以方便网络化利用,而纸质文件主要用于永久保存,一些单位则采用缩微技术,以实现档案的缩微化保存。这些做法无疑会增加档案馆在接收和管理档案时的复杂度,同时提高了档案管理和保存的成本,但这仍然是21世纪档案工作的主要方式。随着时间的流逝,档案馆中纸质档案和电子档案的比例会逐步变化,但是纸质档案将会在相当长的一段时间内成为馆藏的主要成分。

第二节 文件档案一体化管理

一、文档一体化管理思路

文档一体化强调电子文件全过程管理的连续性和信息记录的完整性,目的是确保有保存价值的电子文件自生成开始到生命周期活动过程结束的全过程,信息能够获得完整的记载和保存。文档一体化管理的思路体现在以下几个方面。

(一)管理过程的互动性

文档一体化的一个显著特点是能够将现有的业务系统的工作与档案管理工作进行互动和交叉。一方面,让档案管理人员能从文件生成之日就进行鉴定、归档和归档后的管理,通过前端的参与和过程控制,加强为社会积累财富的执行力;另一方面,让那些从事相关业务活动的工作人员对档案有更深入的了解。不仅要认识到,只有当有价值的文件被完整地归档并交给档案部门保管时,相关的工作才算完成;同时还要意识到,在执行当前的业务系统时,必须明确责任、注重积累,并记录电子文件活动中的所有重要的和有价值的信息,以确保电子文件的真实性和完整性。管理过程的互动性加强了多方人员工作中的交流与沟通,对形成和积累有价值的、完整的、真实记载社会活动记录的电子档案具有非常重要的社会意义。[1]

(二)应用系统的统一性

文档一体化管理模式的实施依赖统一的管理信息系统,该系统运行在具有相同结构的网络、服务器和数据库管理平台上。采取相同的数据和文件存储格式,不同的是管理文件和档案工作人员对信息系统的操作权限。在文件生成、处理、会签、审批等各个业务处理阶段,业务工作人员拥有对文件的增加、修改、删除等权限,而档案工作人员只有权限查看、浏览。当文件完成其当前的业务任务后,进入归档的阶段时,电子文件的整理和筛选工作由专门的归档人员来完成,而负责档案的工作人员则开始履行电子文件的鉴定职能和归档前的指导工作。当电子文件被归档并转化为电子档案时,档案工作人员有责任进行电子档案的妥善保管,并向档案生成单位和社会提供相应的档案服务。应用系统的统一性确保了从文

---

[1] 党跃武,曾雪梅,陈征,等.基于信息组织技术的档案资源开发[M].成都:四川大学出版社,2016.

件到档案的转换过程中,数据转换和迁移不再是必需的,这不仅维护了文件信息的真实性和完整性,还降低了工作人员在使用信息系统时的复杂性,并减少了使用过程中错误的发生率。

(三)工作流程的集成性

在传统的文件管理过程中,文件的形成、归档和作为档案保管与提供利用等环节,都将文件生命周期清楚地划分为三个相对独立的过程,即现行期、半现行期和非现行期,并通过现行业务工作部门、机构档案室和档案馆三个物理位置不同的部门分别完成各自的工作。而文档一体化则将文件、档案的管理流程实现了集成,要求在一个统一的系统内,有统一的控制中心、统一的工作制度、统一的且各有特点又互相衔接的工作程序,将档案著录、鉴定、保存和管理等工作贯穿文件的形成、流转、会签、批准或签发、整理、鉴定、归档、移交、保存或销毁等各个环节,实现各个过程中工作流程的集成和信息的共享,而且能够根据不同的文件与处理要求定义特定的工作流程,实现流程的优化和个性化处理,提高工作效率,降低档案接收和保管的复杂性,避免信息的多次录入和产生不一致信息的可能性。

(四)业务处理的自动性

文档一体化是在充分信任的网络、计算机和信息系统的数字环境下开展工作,它采用信息技术和基于工作流程管理的理念实现的自动化信息系统,不仅提高了工作效率,还降低了错误发生的概率。此外,在某些业务处理环节引入了系统自动处理技术,如电子文件版本信息的自动追踪、电子文件处理过程中责任链信息的记录,以及基于管理规则实现的电子档案自动标引等,都极大地提高了业务处理的自动化水平,同时降低了人工操作的复杂性。这些自动化处理流程是在系统完成身份验证后自动产生并储存记录的,极大地增强了电子文件在其整个生命周期中信息记录的真实性和完整性。

(五)归档工作的及时性

通过对文档一体化应用系统的广泛使用,档案工作者能够随时对归档范围内的、已经完成现行期使命的文件实行鉴定、整理、归档和提供利用等工作。一旦电子文件的形成机构确认该文件已经结束现行期的历史使命,就完全能够实现即时归档、即时鉴定,避免以往通行的隔年归档中存在的各种问题,如丢失、泄密、滞后等。

(六)安全管理的有效性

文档一体化,一方面使电子文件的归档过程变得简单、快捷,自动化程度高;另一方面使电子档案的原始文件和档案目录数据实现同步管理,极大地降低了人为干预的需求。这不仅提升了档案归档工作的效率,更为重要的是,它极大地增强了整个归档过程的规范性和安全性。关于由网络和信息系统引发的安全风险,可以利用各种先进的技术方法来进行管理和控制。在《中华人民共和国电子签名法》颁布实施后,电子签名、数字证书、身份认证等一些安全措施和技术手段的采用,也极大地增强了电子文件和电子档案安全管理的有效性。

二、文档一体化实现方法

(一)文档一体化系统业务流程

文档一体化管理的实际办公过程比较复杂,有保存价值的电子文件经过整理、鉴定、审核、移交、归档到档案部门管理后,形成电子档案。

(二)文档一体化系统功能结构

通常情况下,文档一体化管理信息系统的功能包括收文管理、发文管理、归档管理、档案管理等。这几个模块相互关联,内部信息集成化共享。

1. 收文管理

以电子文件的形式处理和记载上级公文、平级来文,用户可根据公文的登记日期、急缓程度、当前流转状态等过程信息快速有效地找到相关文件并进行相应的操作,主要包括收文登记、收文流转、文件催办、流程监控、文件发布等过程。

2. 发文管理

发文管理是指处理并转发内部制定的或外来的文件。电子文件起草后,均须逐级通过各主办与会签部门人员的审批和修改,最后提交领导签发,形成正式的公文,然后登记、归档。主要包括发文起草、发文流转、文件催办、流程监控、发布等主要工作。

3.归档管理

电子文件的归档大多采用两种方式:一是通过机构内部局域网的电子公文传输系统从网上实现自动归档,系统通过归档环节后,电子文件的管理权就移交给档案管理部门,成为电子档案。此时,其他业务人员能够按照系统授予的权限查询电子档案,但不可以修改。二是各立卷部门在向档案馆移交纸质档案的同时,上交电子载体存储的各种信息,如磁盘、光盘等。

根据国家版本的电子档案归档与管理的相关标准,执行档案的移交、接收、审核、保存、管理、查询、统计及提供服务利用等工作,档案形成机构可根据档案的信息类别或档案来源建立相应的档案信息资源库,并可根据归档年度、归档部门或档案实体分类等建立快速检索机制,方便借阅和提供利用。

(三)电子文件网络化归档的真实性保障方法

整个过程包括电子文件归档产生的数字化档案信息的形成、归档、管理和利用四个重要阶段,每个阶段都需要采取各种策略和方法保障档案信息的真实性。

三、文档一体化深化应用的要求

(一)提高认识、统一思想是文档一体化管理的基本要求

文档一体化的实质是将各部门中相对分散和独立的文件和档案整合为一个统一的、有机的管理体系。这种做法不仅能加强档案部门对文件管理的超前控制,确保档案质量,还能实现文档数据的一次输入和多次利用,减少重复劳动,节约人力、财力、物力和时间。然而,要真正达到文档一体化管理的目标,对于档案工作人员而言,尤其是档案部门的领导,必须对文档一体化管理理念有一个全面、客观、科学的认识,并达成共识,充分认识到一体化管理的真正受益者是档案工作者自身,认识到新形势下

文档一体化的必要性和紧迫性，认识到这是时代赋予现代档案工作者的使命。只有这样才能顺利推进文档一体化管理，加强自觉性，使档案工作者面对困难，不逃避、不退缩，勇于接受新事物，逐步实施和应用文档一体化管理模式来开展各种业务。

(二)加强电子文件管理的标准化与规范化

通过实施文档一体化管理，电子文件和电子档案之间的关系变得更为紧密。将这二者整合到一个综合性的管理系统中，作为前后衔接、相互影响的子系统，可以统一地组织和控制整个文件生命周期的全过程。文件管理与档案管理之间存在着一种紧密的相互联系，文件管理对档案管理的持续存在和未来发展有着直接的影响。只有当文件管理达到标准化和规范化的水平，档案管理才能有效地进行。如果文件管理出现混乱和无序的情况，那么可以预见档案管理的各环节也将陷入一种混乱和无序的状态，这无疑会对综合管理信息系统整体功能的效用。

(三)加强培训和继续教育，提升档案工作者的综合素质

文档一体化管理不仅要求档案工作人员掌握档案学的基础理论和专业知识，还要求他们熟练运用现代信息技术和计算机以及现代通信设备来操作网络化的管理信息系统。因此，档案工作人员需要不断调整自己的知识体系，提升专业技能，并加强综合素质的培养。如果不熟悉计算机和网络知识，那么将无法接受文档一体化管理思路，更不可能进行电子档案管理工作，也不可能参与电子文件管理的全过程中。

第三节 档案资源多元化利用

一、档案资源的社会化利用

在信息社会和知识型社会迅速发展的21世纪，在档案信息化建设与发展的众多方面，无论是技术手段还是信息资源的有效积累和广泛利用，都必将以档案信息资源的整合、集成、共享、利用作为出发点和落脚点，以

传承人类文明、共享信息资源为目标，实现社会的可持续健康发展。

（一）档案资源的知识化积累

档案的形成（鉴定、收集、整理与归档）是从个体知识到组织知识，再到社会知识转换的文化积累、动态跟踪的历史记载过程，档案的开发与利用（编研、开放、发布与利用）是人类传承文明、创新发展的过程。这两个相互衔接、彼此推动的过程循环往复、推陈出新，构成了人类社会的知识化主动增长和社会化自适应的档案资源不断丰富的过程模型。这表明档案文化通过"传承—积累—发展—传承"这样一种类似于文化加工厂的生产工序，随人类自身的繁衍而形成民族文化生生不息、无始无终的传承环链。

（二）档案资源的共享化利用

社会信息化使档案信息资源面临着一个全新的生存环境与发展空间。美国档案学者杰拉尔德·汉姆先生曾指出，档案应该记载人类生活的方方面面，档案工作者要创造一个反映普通百姓生活喜好、需求的全新的文献材料世界，档案馆藏是反映人类生活的广阔领地。因此，档案资源唯有回归社会，得到最大限度的利用，才能体现档案保管的价值和作用。实现档案信息资源的集成化管理和共享化利用是档案贴近公众、服务社会的最佳解决方案。[①]

为了达到档案信息资源的共享和高效利用，我们必须在档案基础数据库的构建方面投入更多的努力。因此，对档案基础数据库的元数据标准集、数字化档案信息的格式规范、档案基础数据库的建设思路和方法、各种结构化和非结构化档案数据的组织、存储和检索利用的关键技术、整合方案、提供检索服务和共享利用的有效机制等进行研究，将是当前档案馆信息化建设的重要基础工作。

（三）档案信息服务机制的变革

随着全国各行各业信息化进程的加快，档案馆信息化应用也逐渐走

---

① 何永明.浅谈大数据背景下高校档案信息资源的开发与利用[J].兰台内外，2017(02):27—28.

向更广、更深的领域,档案信息服务将不再拘泥于传统的、单一的方式,而是会有所创新,趋向多元化发展。

1. 服务方式由被动向主动转变

要改变传统的被动服务方式,积极主动地开展档案信息服务。长期以来,档案信息利用总是遵循一种传统的服务方式——"等客上门"。这实质上与信息社会的发展极不协调,不利于档案信息价值的体现与发挥,封闭了档案信息表现价值的众多途径。而档案信息服务方式必须考虑到档案的特性,"送货上门"是不行的,因为不符合《中华人民共和国档案法》的基本要求。因此,档案信息的主动服务方式应该是"请客入门"。

2. 服务手段由传统型向现代化转变

随着信息技术、数据库技术和多媒体技术的进步,档案信息服务的方式也经历了深刻的变革。为了实现档案管理的现代化,我们应该参考相关学科数字化发展的研究成果,并利用数字化综合管理信息系统。这样就可以将分散在不同平台和地理位置的档案信息资源数字化存储,采用基于对象的管理模式,并通过网络连接,确保档案信息资源的及时利用和共享。

3. 服务模式由传统型向多元化发展

档案馆利用网络和其他信息技术手段,与其他的档案馆、信息机构及整个社会的信息资源形成了紧密的合作关系。因此,信息服务也引入了新的功能和内容,包括档案信息资源的网络化管理、网络导航、数字化开发和利用,以及对档案用户进行教育和培训等方面。例如,在为档案使用者提供教育和培训的过程中,除了教授他们传统的档案检索和获取方法外,还需要特别强调如何有效地使用数字化信息资源、如何挑选合适的档案信息数据库、如何在线获取必要的档案资料及如何操作远程通信软件等关键技能。与其他文献信息相比,档案信息的采集、检索和组织方式更为复杂和多样,技术要求也更高,对使用者的信息处理能力有更高的要求。然而,在我国,能够熟练运用档案信息的人数相对较少。因此,培养档案使用者在信息检索、信息获取、信息筛选和信息识别方面的能力,成为档案信息服务的一个关键环节。

4. 档案资源由封闭向开放转变

在当前的网络背景下,档案馆的信息服务资源已经不再是仅仅关注馆藏档案的信息量等方面,而是更加注重档案馆在获取和提供档案信息方面的能力和效率。因此,除了充分挖掘和利用档案馆内的档案资料,档案馆还需借助网络来检索和使用其他档案馆的馆藏资料和在线信息资源。通过构建一个现代化的档案信息资源管理系统,并将这些档案信息整合到计算机网络中,就可以实现信息资源的最高效利用。利用网络和其他信息技术手段,可以最大化档案信息的价值,并确保档案信息为社会提供最优质的服务。这一过程涉及从单一设备的操作开始,经过建立档案管理信息系统网络,以及与相关信息机构的网站建立连接,最终整合到国际互联网中。

5. 档案资源由单一型向多类型转变

档案馆提供的单一信息服务的资源以收藏纸质档案为主要内容。在网络环境下,档案馆综合信息服务模式的服务资源要朝着多种载体形式并存的方向发展,包括各种电子文件、光盘、多媒体、缩微载体和声像载体等,尤其要增加数字化馆藏资源的建设。网络环境下的数字档案馆所拥有的完整的馆藏含义应该是"物理实体馆藏+数字化馆藏"。

我国档案馆在档案信息数据库建设方面的任务是:在保留传统档案文献的同时,通过协作与协调,在一定程度上对馆藏资源进行数字化,同时注意将各馆独特价值的馆藏文献数字化,制成光盘或上网传播,使各馆上网信息独具特色,并在此基础上形成一个档案信息网络。

二、馆藏档案数字化应用

为了满足公众对网络化查档和档案信息化管理的多样化需求,构建馆藏档案数字化应用系统已经成为现代档案管理的一个关键环节。对于档案管理人员来说,这也是一个全新的责任和任务。在充分认识到馆藏数字化的重要性和必要性的基础上,档案管理人员需要采用有效的策略和方法来推动馆藏档案数字化系统的建设和高效使用。

(一)馆藏档案数字化的意义和任务

在现代档案管理工作中,档案信息资源的有效开发和应用占据了至关重要的地位。档案被视为一种独特的文化财富,它是国家信息资源的核心部分,其开发和应用对社会和实践都具有重要价值。数字化馆藏档案的任务主要分为两大部分:首先是将传统的档案目录进行数字化处理;其次是对档案的内容进行数字化处理。

(二)馆藏档案数字化的思路与方法

1. 做好馆藏档案数字化的前期基础工作

需要对哪些档案进行数字化,采取什么方法来开展,数字化加工需要购买哪些设备,除此之外还需要做哪些准备工作及如何做等,都是馆藏数字化的前期基础性准备工作。

(1)做好可行性论证

要根据档案利用的需要、资金情况、馆内人员知识结构、馆内软硬件平台、馆内信息化应用现状等基本状况,在充分了解和认识馆藏档案数字化系统建设的复杂程度和技术要求之后,做好馆藏数字化系统建设的可行性论证工作,确保系统建设自始至终不被中断,确保数字化后的档案信息能够真正使用起来,见到实效。

(2)选择数字化加工方式

在档案保管过程中,数字化是一种技术要求较高的现代处理方式,对于那些习惯于传统档案管理的工作人员,这无疑增加了他们的工作难度。因此,有必要提前进行详细的规划,并明确系统建设的具体执行方案。馆藏档案的数字化系统是分阶段完成的,每个阶段都有特定的任务和目标。需要对哪些档案进行数字化处理,在数字化处理过程中如何进行安全、进度、质量和成本的控制,如何将数字化后的档案信息与当前的计算机信息系统整合,如何发布档案信息以供使用,以及如何处理备份和长期保存等问题,都是需要提前做好准备的。只有在档案管理人员和数字化处理团队达成一致意见后,才能开始工作。如果采用一边加工一边讨论的方法,可能会导致工作周期延长、效果显现迟缓、安全保障困难,甚至可能使项目不成功。

(3)筹备和落实资金

仅仅依赖档案馆的工作人员来完成数字化处理是相当困难的,通常还需要商业化的操作方式或进行外部合作加工。在数字化加工过程中,通常需要购买能确保安全的监控设备和扫描工具。在完成加工之后,需要购置网络存储设备以提供档案信息的服务和利用,同时还需要购买各种存储介质以进行数据备份。而系统一旦实施,就需要聘请系统管理和数据管理人员进行大量的运行和维护工作。建立馆藏档案数字化系统需要的资金大概包括以下几个部分。

①扫描并且进行全文数字化加工的费用。

②数据发布系统的购买费用,包括全文检索、模糊检索、多分类系统、图文关联、元数据编辑器等功能。

③购买服务器的花费。

④进行馆内人员培训、引进网络管理员和系统管理员等的费用。

因此,在进行馆藏档案数字化之前,应在资金准备上给予充分重视。

2. 确定数字化加工的协作模式

档案内容数字化加工包括数字化预加工和深加工两步。预加工能够将纸质档案、照片档案、缩微胶片等转变为电子图像文件,但不能将纸质档案上的文字信息进行完全处理;深加工则能够利用技术含量较高的OCR和语音识别等处理技术获取载体档案中的文字信息,有利于提供全文检索。

3. 保障数字化档案信息的真实性

在馆藏档案数字化过程中,数字化档案信息的真实性保障主要体现在档案实体的扫描加工和档案目录的数字化两个方面。

(1)扫描加工过程中的真实性保障

在馆藏数字化档案信息的形成、管理和提供利用的过程中,制定保障档案信息真实性的规章制度是非常重要的,且各个阶段的安全保障侧重点也不能完全相同。

（2）数字化档案目录信息的真实性保障

数字化的档案目录信息通常被保存在数据库文件里，其安全性主要依赖于数据库管理系统的管理能力，而其真实性则主要取决于档案管理员"依法管理档案"的严格程度。这部分数据是由管理人员从档案原件中提取出来的，用于描述档案原件的核心内容的元数据信息（也可能是电子文件自动归档过程中通过预先设定的规则自动生成的、描述文件属性的元数据信息）。

4. 加强数字化档案信息的整合与集成

经过馆藏档案的数字化和电子文件的归档，产生了大量的数字化档案信息。如果仅仅将这些信息刻录在光盘上或存储在磁盘上，而不提供系统化的档案利用服务，则是无意义的，也不是馆藏档案数字化的真正目的。在进行数字化之前，部分档案馆已经采用了档案管理信息系统来维护档案的目录信息，并在馆内提供了档案目录信息的查询服务；也有一些档案馆在推进数字化的过程中，建立了电子文件归档系统，用于收集电子文件并整理其目录信息；还有一些档案馆将馆藏档案的数字化视为档案信息化的初始步骤。无论在哪种场景下，档案馆都必须妥善处理电子文件的归档、档案的数字化存储及与传统载体档案管理之间的业务关系。这三大核心任务所产生的数字化档案目录信息和档案内容对象需要进行同步管理。对于电子档案存在纸质备份或纸质档案存在数字化拷贝的情况，都应进行相应的关联处理，以确保同一份档案内容得到统一和一致的管理。如果不这样做，而是分别在档案馆中建立电子文件管理系统、数字化档案管理系统和纸质档案管理系统，将不可避免地导致系统间的数据重复或不一致，使管理变得更复杂。

5. 保障数字化档案信息的存储安全

确保数字化档案信息的安全性是实现档案信息化应用的基础条件。档案安全管理的关键性是由档案的本质和其管理特性所决定的。在进行档案信息化建设时，必须深入考虑电子环境、应用系统及档案数据存储等多个方面的安全问题,并且需要正确地平衡方便、高效使用与安全管理之间的关系,不能因为过度关注安全而妨碍档案信息在网络上的传输和使用,否则会显著降低网络应用系统的实际价值。在数字化档案的网络存储系统中,一方面需要配备具有自动备份功能的专门服务器和数据库管理系统,这样才能配置备份操作计划并确保其安全执行,如光盘库、磁盘阵列、专用网络存储设备等,从而实现备份信息的迁移和便捷恢复;另一方面应该同时采用安全的存储介质进行备份,并定期进行信息的刻录或复制,以实现信息在不同地点的安全存储。

6. 提供高效的数字化档案信息服务

数字化馆藏档案的一个核心目标是为了便于使用。如果将数字化后的图像刻录成光盘并存放在仓库里,采用与纸质档案相同的管理方法,那么数字化的效果将很难完全体现出来。只有把档案中的数字化信息真正融入网络环境,并提供高效的网络化服务时,才能确保投资是有回报的。

第五章　数字化档案资源建设的实现路径

第一节　建立档案数据库

数据库是以一定的组织方式存储在一起的相关数据的集合，其特点是数据结构化、高独立性和少冗余。档案数据库建设是档案信息化建设的核心和基础，是摆在档案工作者面前重要而紧迫的任务，需要按照科学规范的要求进行严格管理。

一、档案数据库建设的意义

（一）建设档案数据库是档案信息化水平的重要标志

我国档案信息化自20世纪80年代起步以来，积极致力于档案目录数据库建设，建立了档案目录中心，显著提高了档案管理的效率和质量，方便了档案的查找利用和资源共享，成为档案信息化建设最早、最直接获得的成果，也不断增强了档案工作者对档案信息化的认识和信心。随着时代的发展与科技的进步，如今在原有成果基础上，进一步融合了云计算、大数据等前沿技术，对档案目录数据库进行了深度优化与拓展。实践证明，档案数据库建设的规模和质量不但是档案信息化的核心任务，而且是衡量档案信息化水平的重要标志。

（二）建设档案数据库是档案信息资源建设的基础

归档文件材料属于一次档案文献，它虽然具有原始性，但是属于无序的、分散的、非结构化的档案信息，难以形成资源优势，不便于集中统一管理和广泛共享利用。档案目录数据库建设的实质是通过对档案内容和形式特征的分析、选择及记录,采用数据库管理技术,将档案著录信息输入计算机系统,形成二次档案文献,即结构化的档案信息。此举可有效提高档案信息的丰裕度、凝聚度、集成度、融合度、共享度、适用度和价值密度,降低其失真、失全、失效和失密的风险,从而形成档案资源体系,提升档案信息化的综合实力。没有高质量的数据库,再好的软硬件系统也只能是空壳。

(三)建设档案数据库是开发利用档案信息资源的前提

档案信息化的主要目的是将对档案的实体管理转变为对档案信息的管理,即对档案内容的管理,这是信息技术的优势所在,也是传统管理最大的难点。建设档案数据库,有利于加快推进档案信息资源的整合和共享,使档案信息真正成为优质资源和共享资源;有利于信息技术和大数据技术应用,促进档案信息的资源体系、服务体系和安全体系建设;有利于最大限度地发挥档案价值,从而为档案信息资源的开发利用创造有利条件。没有档案数据库,档案信息化就是空中楼阁,流于形式。

二、档案目录数据库建设

档案目录数据库中的记录又称为档案机读目录或档案电子目录,是存储在计算机内,使用某种数据库管理系统组织管理档案目录的数据集合。

(一)档案目录数据库的结构设计

根据著录对象的层次不同,档案目录数据库可以分为案卷级目录数据库和文件级目录数据库两类。为实现计算机检索,必须将反映档案内容特征和形式特征的案卷级著录信息和文件级著录信息输入计算机数据库,由计算机系统通过专门的数据库管理系统和档案管理软件对其进行采集、加工、整理和检索。数据库管理系统是存储、管理档案目录信息的最佳工具,它按照一定的数据模型,将相互联系的结构化信息以特定的方式组织存储起来,构成数据集合。① 为此,档案目录数据库的结构设计包括两项内容。

1. 选择档案著录项目

《档案著录规则》规定了档案进行著录的项目和形式。该标准规定的著录项目共分七项,每项分若干著录单元。在列举的 22 个著录小项中,只有正题名、责任者、时间项、分类号、档号、电子文档号、缩微号、主题词或关键词八项为必要项目,其余为选择项目,这意味着不同的档案目录数据库在项目选择上可能存在较大差别。

事实上,《档案著录规则》主要用于规范传统档案目录的著录标引工作,对电子档案目录的检索和网络共享考虑不够充分。因此,目前在构建档案目录数据库时常常增加一些新的著录项目。例如:为便于解决数据访问权限的控制问题,增加"主办部门"和"协办部门"项目;为便于调阅数字化的档案全文,增加"全文标识"项目;为解决跨地区、跨层次数据共享,增加"组织机构代码"项目;等等。

2. 确定著录项目的数据格式

应具体规定每个著录项目的数据类型和字段长度。数据库管理系统所管理的数据对象是结构化的,因此必须事先确定好档案目录数据库各字段的名称、字段类型、代码体系和约束条件等。即文件级档案目录数据库结构示例,只有结构一致、格式规范的目录数据才能集成管理且并库共享。

(二)档案文件的著录标引和著录信息录入

档案文件的著录标引和著录信息录入,是档案目录数据库建立的重要工作和档案信息化的关键环节,意义十分重大,需要给予高度重视。从形式上看,"著录"和"录入"是两项工作,但在档案信息系统的操作中往往将二者结合起来,交叉进行,即一面著录标引,一面录入数据。为了提高档案著录、数据录入的速度和质量,需要从以下三个方面采取对策。

---

① 金波,张大伟.档案信息化建设[M].上海:上海教育出版社,2016.

1. 提高认识，增强操作人员的责任心

档案著录和数据录入工作的重要意义在于：一是大规模、高质量的档案目录数据是实现档案信息化价值的前提。没有实力强大的数据库，再先进的档案信息系统也只能是空中楼阁，形同虚设。二是数据质量问题会给档案信息系统埋下隐患。信息行业有一句行话：计算机系统输入的是垃圾，输出的也必然是垃圾，绝不会成为宝贝。一旦输入了数据垃圾，计算机软硬件技术难以将其自动消除。档案数据库质量控制有"技防"和"人防"两种，其中人防，即提高人的责任心和操作技能永远是第一位的。因此，要从培养操作人员的素质抓起，落实工作职责和考核办法，实现对档案文件的著录标引和著录信息录入工作的精细化管理。

2. 严格按照国家规范设计数据库结构

档案信息化建设单位应当严格按照《档案著录规则》《档案分类标引规则》《中国档案分类法》《中国档案主题词表》等国家相关标准规范，并结合实际，制定本行业、本专业、本单位标准和规范，为档案数据库建设提供标准支持。要维护标准和规范的权威性，在档案信息系统开发，特别是数据库结构设计时，应严格执行相关标准和规范，防止数据库设计的盲目性和随意性，确保档案数据的一致性、准确性和规范性。

3. 采取有效的技术手段提高数据录入的速度和质量

档案文件的著录标引和录入工作十分枯燥，不但效率低，而且容易因操作疲劳导致出错。为此，应当在加强"人防"的同时，尽量采用"技防"。事实上，计算机技术的发展已经为提升数据录入的速度和质量提供了充足的手段。

（1）在数据库建设中控制数据结构定义

为了提高系统的适用性和可扩展性，很多档案信息系统都为用户提供了灵活的数据库自定义功能，然而这项功能如不加以控制就会造成"乱定义"，即定义的随意性。为此，在设计档案信息系统自定义功能时，应当将数据库的表字段设计分为"必选项"和"可选项"。必选项应严格按照《档案著录规则》设置，不允许自定义；而可选项则允许在规范引导下进行

自定义。

(2)利用计算机智能,自动录入数据

在录入档案数据时,某些档案著录项可以通过计算机自动处理后录入数据,例如:自动生成档号、序号、部门号、库位号;根据文件级著录的文件页数、文件日期,自动生成案卷级文件页数、起止日期;根据文件的归档类目号,自动生成分类号;根据文件标题或文件内容,自动标引主题词等。自动录入的数据能够避免人为录入差错,节约了人力,并显著提高了录入的速度。

(3)使用代码录入

代码是确保著录信息和档案特征一致的有效手段。如组织机构名称,有全称或简称,简称往往又很不规范,这就会造成检索时的混乱。而应用代码,可以做到代码和组织机构的严格对位,检索时就不会出现漏检或误检。因此,档案信息系统应设计简便的代码管理功能,包括代码的维护、录入提示等,并确保规范使用代码,从而做到又快又好地录入档案著录信息。

三、档案全文数据库建设

档案全文数据库,是存储、组织管理数字化档案信息的数据库系统,既包括档号、题名、责任者、正文、形成时间、密级、保管期限、载体、数量、单位、编号等著录信息,也包括档案的内容信息。档案全文数据库所管理的对象,不仅包括经数字化处理的传统馆(室)藏档案,而且包括以数字化形式直接生成的电子文件(档案),如各类文本、表格、图形、图像、音频、视频、数据库、网页、程序等。应用环境不同,系统软件不一,生成的文件格式也会不同。因此,必须确定电子文件的元数据标准和存储格式,以规范档案全文数据的组织与管理。

(一)档案全文数据库构建的过程

1. 数据的采集

即对加载到全文数据库中的数据进行录入、采集、整理等处理。全文数据的获取方式有三种。

(1)图像扫描(或数码拍摄)录入。该方法形成的图像信息能保持文件的原貌,但占用存储空间大,不能直接进行全文检索和编辑。

(2)键盘录入。该方法形成的是文本信息,占用存储空间小,存取速度快,支持全文检索,但是输入工作量大,文本的格式和签署信息容易丢失。

(3)图像识别录入。即对扫描形成的图像进行OCR识别,形成文本信息。该方法虽然具有上述两种方法的优点,但是OCR识别带有一定的差错率,特别当档案原件字迹材料不佳、中英文混排或带有插图、表格时,差错率较大,且人工纠错成本较高。因此,数据采集要权衡利弊,有选择地使用。

2. 数据预处理

数据预处理就是先将采集后形成的档案数字化成果转换成规范的格式,进行规范化命名,再进行统一标准的著录与标引。采用自动标引技术的系统,还可以从文本文件中直接提取关键词或主题词,辅助计算机检索。

3. 数据检索

档案全文数据库建成后,可采用全文检索系统提供的功能对数据库进行检索。

4. 数据维护

档案全文数据库建成后,需要经常对数据库的内容进行索引、更新、追加和清理,以保证数据库的实用性和时效性。

(二)档案全文数据库的功能

1. 能够获取、存储和使用不同类型、不同格式的档案信息。
2. 能够按照确定的数据结构有效组织大量分布式的不同类型、不同格式的电子文件或扫描件,并为之建立有效的检索系统。

3. 能够快速、正确地实现跨库访问和检索。

4. 能够对全文信息的访问和使用进行许可、控制和监督等授权管理。

5. 能够在网上发布全文数据库数据。

6. 能够集成支持全文数据库管理的各种技术,如超大规模数据库技术、网络技术、多媒体信息处理技术、分布式处理技术、安全保密技术、可靠性技术、数据仓库与联机分析处理技术、基于内容的分类检索技术、信息抽取技术、自然语言理解技术等。

四、档案多媒体数据库建设

档案多媒体数据库是对文本、图像、图形、声音、视频(及其组合)等媒体数据进行统一管理的数据库系统,它具有良好的交互性,输出的多媒体文件形象直观,图文声情并茂,能真实生动地还原历史记录。因此,档案多媒体数据库属于特色数据库和优质档案信息资源,应当被列为档案数据库建设的重要内容。

(一)建立档案多媒体数据库的步骤

建立档案多媒体数据库有三个步骤:一是收集和采集来自各种档案信息源的多媒体信息。如果来源是数字化多媒体信息,即多媒体电子文件,则归档处理后直接进入档案多媒体管理系统的存储设备中;如果来源是模拟多媒体信息,如模拟录音、录像,则采用音频或影像采集设备,将其转换成数字化的多媒体档案后输入档案多媒体数据库。二是按照多媒体档案的整理规则,对多媒体电子文件进行整理,形成档案多媒体目录数据库。三是将整理后的多媒体档案挂接到档案多媒体目录数据库中。

(二)多媒体档案与档案多媒体目录数据库的挂接方法

鉴于多媒体档案占用容量大,对档案数据库运行效率影响也大,因此,需要慎重选择多媒体档案与档案目录数据库的挂接方法。挂接的方法一般有基于文件方法和二进制域方法两种。

1. 基于文件方法

基于文件方法,又称"链接法",这种方法是将独立存储于计算机载体中的多媒体档案的名字与位置(即路径)存入(即"链接"于)档案多媒体目录数据库相应的记录中,而不是真正将档案存储在目录数据库中。当数据库管理系统访问多媒体档案时,根据目录数据库中记录的多媒体档案名称和路径,访问多媒体档案。这种方法的优点是,尽管多媒体档案容量大,但是不会因为给目录数据库增加负担而影响目录数据库的运行效率;缺点是多媒体档案与目录数据库的关系不够紧密,容易因系统或数据的迁移而断链,造成通过目录找不到对应多媒体档案的故障。

2. 二进制域方法

二进制域方法,又称"嵌入法",这种方法是把多媒体档案实实在在地存放于(即"嵌入"到)目录数据库中 BLOB 字段(即"二进制域")中,该字段能存储大文件,因此又称"大字段"。该字段有两种:一种是 Memo(备注)字段,它可以存储大文本文件,容量相对较小;另一种是 OLE(对象嵌入)字段,可以存储大二进制文件,如多媒体档案等。ORACLE 数据库的一个 BLOB 字段可存储不大于 4G 的多媒体文件。这种方法的优点是多媒体文件与目录数据库的关系相当紧密,不会断链;缺点是大容量的多媒体文件会增加目录数据库的负担,影响其运行效率。因此,在使用二进制域方法时,需要采用一些技术手段来弥补其缺陷。

第二节 建设数字档案馆

一、数字档案馆概述

随着社会信息化进程的加快,特别是电子政务、电子商务、办公自动化等在各级政府、企事业单位的逐步应用,电子文件及其电子档案(数字档案)已经大量产生,并即将向各级档案馆移交,数字档案将在未来 5~10 年内成为新形成档案的主体。作为文件和档案的最终归宿——档案馆,将面临管理体制、管理方法、管理技术、管理理念的全面挑战,数字档案馆的规划和建设已经非常迫切。数字档案馆已经成为 21 世纪档案馆的发展方向。

(一)数字档案馆的认识沿革

数字档案馆虽然诞生的时间较短,但由于其地位重要,对档案事业发展影响巨大,因此关注和探讨其发展方向的研究很多。对数字档案馆的认识大体经历了三个阶段。最初是受数字化图书馆建设的启发,提出建设数字化档案馆的设想;之后是借鉴国外的建设经验和研究成果,在理论上或概念上进行虚拟档案馆或网络档案馆建设的探讨;最后是根据国家和社会信息化发展对档案工作的要求,进行数字档案馆试点建设。

1. 数字化档案馆提出的背景

20 世纪 90 年代中期,随着数字化技术和网络技术的迅速发展和成熟应用,国内外掀起了建设数字化图书馆的热潮。图书和档案都是信息资源的重要组成部分,在信息管理方面有许多相通之处,到了 20 世纪 90 年代末期,我国档案部门受建设数字化图书馆的启发,提出了建设数字化档案馆的设想。数字化档案馆建设的主要内容是将馆藏纸质、照片、音像等载体档案数字化,为信息社会提供数字化的档案信息资源,目的是实现档案的快速检索查询、信息资源社会共享。

2. 电子政务建设对数字档案馆建设的影响和要求

近年来,随着国家实施的"政府信息化先行"战略的不断深入,电子政务已在中央政府以及部分发达地区各级政府得到逐步推行。电子政务是指政府机构运用现代网络通信与计算机技术,将政府管理和服务职能通过精简、优化、整合、重组后在互联网上实现,以打破时间、空间及条块分割的制约,从而加强对政府业务运作的有效监管,提高政府的运作效率,并为社会公众提供高效、优质、廉洁的一体化管理和服务。档案作为文件运行的最终归宿,在保证各级政府正常运转中起着承上启下的作用。电子政务的实施对档案管理产生的重要影响,主要体现在两方面:一是电子政务中产生的电子文件,其归档方法、技术、手段等与纸质文件归档相比,有重大差别。二是档案局(馆)作为各级政府的一个职能部门,必须适应电子政务实施带来的工作方式的变化,档案工作不能游离于电子政务之外,而是要按照电子政务的总体要求转变档案部门的工作作风和服务方式。建设数字档案馆是我国迅速发展的政务信息化对档案工作提出的迫切要求,数字档案馆是电子政务和办公自动化的一个必要组成部分。①

(二)数字档案馆与数字图书馆的比较

数字档案馆建设与数字图书馆建设密切相关,不仅是因为最早国内外提出建设数字档案馆的概念是受数字图书馆的启发,或者是作为数字图书馆项目的一个组成部分,还因为档案和图书作为信息资源的主要来源,在信息时代,它们的管理方法和手段存在许多共性,有一段时期还研究探讨过档案、图书、情报一体化管理的趋势。数字档案馆在提出之初和数字图书馆建设目标比较一致,但随着社会信息化发展对档案事业影响的增大,数字档案馆发展的方向已经发生了质的变化,从以馆藏档案数字化为主要建设目标,转变为能接收归档电子文件并有效管理,保证其真实性、完整性和长期可读性。数字图书馆建设同样也在不断深入和发展,最初,对数字图书馆概念和建设目标的认识也是将现有图书资料数字化,作为一个海量的数字资源库在互联网上运行,数字图书馆的建设目标是整合互联网资源,变无序为有序,甚至有观点认为一个国家只需建立一个这样庞大的数字图书馆数据库就可以满足需求。但是现在数字图书馆界普遍倾向于将数字图书馆建设成一个个相对独立的管理系统。数字图书馆是一个复杂的分布式海量数据管理系统,它利用当今先进的多媒体和网络技术,将分散于不同地理位置的不同载体形式的信息资源以数字化形式储存,从而形成有组织的数据库和知识库,并对外提供高性能的检索服务,实现资源共享。如同传统档案馆与图书馆存在相同之处和不同之处一样,数字档案馆与数字图书馆的建设内容和运行方式等同样有其关联

---

① 赵旭.档案信息化建设的理论与实践研究[M].北京:科学技术文献出版社,2021.

性和差异性。

1. 关联性

档案和图书都是信息社会重要的数字资源,数字档案馆和数字图书馆的基础和管理对象都是数字化的信息资源。在建设数字档案馆的过程中,数字档案一方面来源于接收立档单位的归档电子文件,另一方面就是对现有馆藏档案中珍贵的、利用频率高的、易受损的档案进行数字化转换。数字图书的来源也有两个方面,就是新接收进馆的电子图书和将馆藏的珍本、善本等图书转换成电子形式。

数字档案馆和数字图书馆本质上都是一个复杂的数据管理系统,是一个大型的数据库,都具有接收、整理、储存、检索、提供利用等基本功能。

2. 差异性

第一,数字档案和数字图书的数据类型存在显著差异。数字档案类型众多,有文本、图像、各种类型数据库、电子邮件、音像、多媒体等;而数字图书一般只有文本(占绝大部分)、图像、多媒体等少数几种类型。这样一来,数字档案馆的管理系统就会比数字图书馆管理系统复杂得多。第二,和传统档案馆、图书馆保存的档案、图书一样,档案存在地区差异,具有唯一性,而图书中善本、孤本则很少,馆藏基本类似。就这一点而言,除了国家图书馆和部分科技图书馆外,建设数字图书馆过程中的数字化工作任务非常轻,只需购买已有的数字图书资源即可。而档案馆的数字化任务则非常重,且数字化后,主要以图像数据格式保存,因此中小型数字档案馆存储所需的空间也很大。第三,数字档案馆和数字图书馆的管理方式存在差异。由于档案和图书面向社会的政策和需求不同,因而数字档案馆的管理相对封闭,一般采取"三网一库"的建设模式,其中,"三网"采取物理隔离的方式。数字图书馆则完全开放,直接与国际互联网挂接。第四,安全性要求不同。数字档案馆不仅要防病毒、防黑客,而且要采取异地备份、镜像备份等措施,防止自然灾害、突发事件可能对数字档案馆造成的损害。第五,数字档案馆在保证馆藏数字档案的真实性、完整性、长期可读性、法律凭证作用等方面也有特殊的要求。

(三)数字档案馆的定位

从有利于数字档案馆的实际建设,有利于建设的可行性论证、投资预算、功能设计等方面考虑,数字档案馆是适应信息社会发展需要,充分运用计算机和网络等信息技术手段,能够对数字(或电子)档案实施有效控制和科学管理的档案馆。关于数字档案馆的定位可以从以下两个层面来认识。

1. 数字档案馆仍然是档案馆

数字档案馆仍然是档案馆,其对馆藏档案的管理功能没有改变,同样具有收集、整理、鉴定、保管、利用、统计、编研等功能,只不过采用的技术方法、管理手段、管理对象等有了较大的变化。

当前数字档案馆的规划、投入、建设,都是由地方单独完成的,与传统档案馆的建设模式并没有差别,而且这种状况在短期内是不会改变的。

2. 数字档案馆是信息时代的产物

数字档案馆的规划和建设是信息技术对档案事业发展影响和要求的必然结果。数字档案馆建设过程中要充分运用先进的计算机和网络等信息技术,配置先进的软硬件设备,研制高性能的信息管理系统;数字档案馆既要解决信息技术发展和应用给档案管理带来的复杂问题,又要保证归档电子文件的真实、完整、长期可读。

数字档案馆是电子政务、电子商务、单位办公自动化的一个重要组成部分,是信息社会中档案管理新模式的集中体现,代表着21世纪档案馆工作的发展方向。

(四)数字档案馆的发展

数字档案馆建设是档案工作者面临的一项全新事业,随着信息技术的不断发展,投入实际运行后,经验的不断丰富和问题的不断出现,人们对数字档案馆的认识将不断丰富和深入。

1. 模式的发展

目前,数字档案馆建设主要表现为一个个相对独立的局域网系统,地区相连乃至全国互联互通是不现实的。但随着档案开放程度不断加大,社会公众档案意识和需求不断增强,再加上网络安全性的不断提高,数字档案馆将向网络化、公众化的模式发展。

2.技术的发展

从数据管理看,大容量存储技术实现海量档案数据高效存储,且数据备份与恢复技术保障数据安全。数据挖掘和分析技术能深入挖掘档案价值,为利用者提供精准信息。在服务层面,网络技术使远程访问成为可能,公众不受时空限制获取档案资源。多媒体展示技术丰富呈现形式,如图片、音频、视频等,提升用户体验。工作效率上,自动化编目与检索极大提高档案整理与查找速度,人工智能辅助档案鉴定、分类,降低人力成本,提升工作准确性。

3.管理的发展

由于国内数字档案馆建设完成并真正投入运行的还比较少,因此对数字档案馆管理模式的认识也会不断发展。例如:何谈复杂管理体制问题,数字档案馆内部机构如何设置才能保证其有效运转和档案的安全保密;数字档案馆的人才问题,数字档案馆需要高素质的技术型、管理型、复合型人才,如何培养和留住人才等。

二、数字档案馆的规划与设计

数字档案馆建设是一项庞大复杂的系统工程,建设周期长,技术难度大,必须先做科学的规划与设计,并组织相关专家学者对规划与设计方案进行充分论证,才能保证工程顺利进行,少走弯路。

(一)与地方或部门信息化建设同步发展

数字档案馆的规划和建设必须与地方或部门信息化建设同步发展。档案工作是一项服务性很强的工作,档案信息化建设如果滞后于地方或部门的相关信息化工作,将影响整体信息化建设,同样,档案信息化建设也没有必要超前发展。数字档案馆建设是档案信息化建设中综合性强、难度大的工作,必须在地方或部门信息化发展到一定阶段时,才能有建设数字档案馆的需求,才能启动这项工作,如果时机选择不恰当,档案工作将非常被动或造成极大的浪费。

(二)硬件配置

硬件配置应根据数字档案馆建设的需要先进行预算,再根据建设的进展和需要分期购置。在建设工期比较长的情况下,不能把所有的硬件设备都一次配备到位,因为计算机设备更新换代非常快,先行购置而闲置不用,将会造成极大的浪费。

数字档案馆硬件主要包括终端设备(微机)、处理设备(服务器)、存储设备(磁盘阵列、大容量硬盘、光盘等)、网络设备(交换机、路由器、网卡、网线等)、数字化设备(各种扫描仪、数码摄像机等)、其他设备(如打印机、刻录机、视频音频信息采集编辑设备等)。

(三)网络设计

网络及其相关计算机设备是数字档案馆运行的基础,和传统档案馆的库房、装具等设施类似,在数字档案馆的总体规划设计和硬件投入中,占有相当大的分量。从便于管理和安全等方面考虑,数字档案馆的网络设计宜采取"三网一库"的形式。"三网"分别是档案馆局域网、地方(或部门)政务网和公众网(国际互联网),"一库"是保存档案资源的大型数据库。其中,档案馆局域网是数字档案馆的核心网,负责数字档案馆档案的导入、存储、管理、检索、利用等。在数字档案馆建设初期,档案馆局域网的网络功能并不需要非常强大,重点是单机功能要能保证档案的有效管理和运行。地方(或部门)政务网是档案馆和地方政府及各立档单位链接和联系的纽带,应具备档案的接收、利用查询、档案局馆的电子政务办公等功能,该网络的硬件设施由地方政府或有关行业主管部门负责投资和建设,而软件功能的设计和运行则由档案局馆负责,政务网是各级档案局馆通过网络行使档案管理职能的主要渠道。公众网是数字档案馆与社会公众联系和沟通的桥梁,通过档案网站等形式开展档案利用服务、宣传档案工作,也可以通过公众网捕获重要数字信息资源,作为资料丰富数字档案馆馆藏。为保证数字档案馆运行中的安全保密,"三网"应物理隔离。

(四)数字档案馆功能设计

数字档案馆的功能设计在数字档案馆建设中占有非常重要的地位,可以说,数字档案馆建设成功与否,建成后运行是否达到要求,主要取决于其功能设计是否科学可行。数字档案馆的硬件设施不需要一步到位,可以根据需要和经费投入情况逐步配置。而数字档案馆的功能设计一旦确定,将在相当长的时间内决定数字档案馆的运行质量,且不能轻易改变。因此,功能设计是数字档案馆建设的灵魂。

数字档案馆的功能设计需把握几个原则:第一,系统性要强,整体性要好。因为数字档案馆要实现的功能很多,且包含许多子系统,所以应正确划分各子系统,确定各子系统之间的界限和相互联系。同时,由于部分子系统是分阶段实施的,因此还应该注意它们之间的衔接关系。此外,数字档案馆的功能设计应采用系统工程的原理与方法。第二,灵活性要强,开放性要好。由于信息技术的飞速发展,数字档案馆建设过程中和运行后,数字档案的种类和数量及管理技术方法都在不断变化,这就要求数字档案馆的功能设计要能够适应可能发生的变化,因此系统应具备灵活性强、开放性好的特点。第三,正确处理先进与实用的关系。数字档案馆的功能实现需要采用先进的技术手段,但并不是越先进越好,应尽量采用成熟稳定的技术方法,多在功能设计上下功夫。

数字档案馆应具备传统档案馆的"收、管、用"三大基本功能和系统维护功能。

1. 档案接收

数字档案馆负责各类数字档案的接收、采集,主要包括三个方面内容:归档电子文件的接收、传统档案数字化、公众网数字信息采集。

归档电子文件的接收是数字档案馆接收功能中最重要的,也是实现技术难度最大的一项基本功能。要实现该项功能,除了采用先进的技术手段外,还需要提前对本地区、本部门目前已经形成的归档电子文件和将要形成的归档电子文件的种类、管理方式等有一个全面、系统的调查了解,才能为程序设计人员提供科学的、详细的接收要求。归档电子文件的接收应尽可能采用"打包"的方式,将电子文件元数据同时接收,以保证归档电子文件真实、完整。

关于传统档案数字化功能的实现,目前技术上已成熟可靠,需要解决的是资金、人员问题。档案数字化的设备投入应视现实需要来安排,摊子不宜铺得太大。中小型数字档案馆建设除了靠自身开展数字化工作外,还可以依靠大型档案馆的设备、技术、人员来进行数字化加工。

公众网数字信息采集也是档案接收的一项重要功能,通过网络在线采集现有的各种信息资源库(如国土信息资源、人口统计信息资源),采集各网站的网页、历史照片、重要新闻报道、统计数据、重大历史事件的声像资源等信息,作为数字档案馆馆藏资料保存。

2. 档案管理

档案管理功能主要负责对接收的各种类型数字档案进行整理、分类、管理,使大量无序的信息有序化,主要包括数字档案标准化、元数据著录、目录管理、档案鉴定、档案迁移等。

数字档案标准化是指对接收来的符合或通过转换使其符合一定规范(如电子文件元数据标准、数据交换标准、文件的语言格式、数据交换的物理存储介质标准和数据交换的逻辑格式标准)的数字信息及其元数据,根据采集时所带的目录信息,采取一定的分类方案,将这些数据有序地存储到系统中。

元数据著录是对采集来的数字档案信息相应项目的元数据(如内容、结构、背景信息等)进行检查,并对缺项进行补著录,从而建立元数据库。

目录管理是档案管理功能的核心,对数字档案的管理实际上都是通过目录管理来实现的,通过目录挂接原文信息,可以实现对整个数字档案资源的有序管理。

档案鉴定是对数字档案开展的一项工作,主要包括对其进行批量的内容鉴定和技术鉴定,并且这一鉴定过程是由计算机辅助人工来完成其中部分工作的。内容鉴定是将档案开发所必须具备的条件、档案价值判定及保管期限划分的标准、档案真伪鉴别的主要依据等要素,同档案文件的来源、类别、责任人、形成时间、存储介质等众多信息相结合,制定出鉴定规则,并利用计算机的智能技术,建立起专家智能鉴定系统,从而进行档案信息的批量辅助鉴定,在此基础上再由专家对辅助鉴定的档案信息进行直接鉴定,予以确认。技术鉴定是对电子文件各方面的技术状况进行全面检查,包括文件信息真实性、完整性、可读性分析及对文件载体状况的检测。

档案迁移是数字档案管理的一项特殊要求,是为了解决数字档案长期保存和外部软硬件环境变化而采取的一项技术手段,目的是使数字档案能与外部软硬件环境相适应,从而保持数字档案的长期可读。主要包括档案信息资源变更登记、资源变更受理、迁出、迁入等功能。

3. 档案利用

档案利用是通过网络向用户提供利用服务,它可以使具备上网条件的用户在任何地点、时间得到权限许可的档案信息,真正实现数字档案信息资源的共享。其功能主要包括档案信息开发、综合智能查询、网站信息发布、光盘发布等。档案信息开发是进行档案信息的编研规范化和素材编辑。综合智能查询是可提供馆藏数字档案的文档、图形图像、语音资源、视频资源的查询阅览及虚拟演播等服务。网站信息发布能够将馆藏数字档案的相关信息通过互联网进行发布,从而提供对外服务。光盘发布是通过光盘刻录等形式提供利用服务。

4. 系统维护

系统维护主要是从保证数字档案馆系统安全运行方面考虑,从物理安全、信息资源安全和安全保密管理等几个方面着手。

(1) 数据转移、备份恢复

数字档案馆采用"三网"物理隔离的方式来保证系统安全,因而无法直接进行网络连接,其产生的信息隔膜需要通过系统的导入/导出功能进行数据转移。数字档案馆的重要设备、系统软件、所有数字档案数据等都需要备份,其中,服务器宜采用镜像备份,档案数据应采用光盘等载体进行异地备份,软件备份则应利用关系数据库自身提供的功能对元数据和存储文件的对象数据库进行备份恢复。

（2）病毒防范

应采用先进的防病毒软件适时对服务器和客户端查毒、杀毒，随时进行软件升级，并建立严格的防病毒管理制度。

（3）身份鉴别、访问控制

身份鉴别和访问控制主要通过设置口令、密钥，安装智能卡，以及通过指纹、声音、视网膜等完成。凡是进行系统执行操作、档案网上移交、档案信息检索利用等行为都要进行身份鉴别和访问控制。

（4）信息加密和完整性校验

信息加密主要指信息传输加密，防止移交/接收档案时，发生窃听、泄漏、篡改或破坏等情况，加密方式通常有链路加密、网络层加密、应用层加密等。数字档案馆的信息存储一般不宜采取加密措施，防止因加密本身对档案的真实、完整造成损害，应尽量采用其他方式来保证档案的安全。信息完整性校验时采取适当技术手段（如数字水印技术等）防止档案被非法篡改、插入和删除。

三、数字档案馆的法规和标准建设

法规和标准是数字档案馆建设和运行的基础，是实现数字档案馆最终目标的最实质性的保障措施，它们要对数字档案馆资源的标识、描述、存储、查询、交换、管理、检索和利用等各个方面做出一个统一规范，对数字档案馆各方面的建设具有总揽性。一方面，数字档案馆建设要依照已有的法规和标准进行；另一方面，随着更多的数字档案馆建成后不断投入运行，以及技术的不断发展、认识的不断深入，将会需要更多的法律法规，并且会研制产生更多的技术标准。

（一）数字档案馆的法规建设

法规是数字档案馆建设的依据。与数字档案馆建设和运行直接相关的法律法规目前还较少，但《中华人民共和国档案法》及其实施办法中都明确规定了"各级各类档案馆要采用先进技术实现档案管理的现代化"这样的条款,这就为数字档案馆的建设提供了法律依据。数字档案馆存在于复杂的社会、经济和法律环境中,在其建设和运行过程中涉及的法律法规问题很多,既有国内的,也有国际的,既有档案方面的,也有计算机等其他方面的,如知识产权、通信、隐私、国家安全、网络安全等。

(二)数字档案馆的技术标准

数字档案馆是信息时代的产物,其建设和运行所包含的技术含量与传统档案馆相比非常高,而且为了使数字档案保存长久、可读、共享,数字档案馆管理系统的设计建设必须符合相关技术标准。从某种意义上讲,标准化是数字档案馆的生命线。

数字档案馆建设所要遵循和研制的技术主要分为两个方面:一是设计开发数字档案馆管理系统软件所要遵循的相关技术标准,主要是有关计算机软件设计方面的;二是有关数字档案的标识、存储、交换、管理等方面的技术标准。

四、数字档案馆建设的关键技术

数字档案馆建设是一项综合性强、技术应用复杂、建设周期长的系统工程,其中需要运用许多先进的计算机编程技术、网络技术、安全技术等。这里简要介绍几种关键技术。

(一)XML 技术

XML(Extensible Markup Language,可扩展标记语言)在数字档案馆的数据管理中占有重要位置,用这种语言来组织管理数据,能够实现通用、开放、生命周期长等目标。

1. XML 的基本概念

XML 本身不是一个单纯的标记语言,而是一种元语言,可以被用来定义任何一种新的标记语言。XML 可以用来创造新类别文件的格式定义,也就是在 XML 之中能够创造出很多不同的标记语言,用来定义各种不同的文件类别。

2. XML 的特点

对人而言,XML 是非常清晰易懂的;计算机也可以轻易对它进行处理。

(1)开放可延伸。XML 对于目前几乎所有的软件、硬件都是开放的,并且是一种可扩展和延伸的语言,根据需要,可以建立新的标记。

(2)内容与显示分离。XML 是用来描述内容的而非描述外观的。用 XML 语言来表示一个文件或一个网站,可以在不改变文件或网站内容的情况下改变其外观。

(3)可以内嵌多种类型信息。XML 文件可以包含从多媒体信息到各种数据库、程序文件等多种信息类型,这种特点对于接收多种类型归档电子文件至关重要。

3. XML 技术在档案管理系统中的应用

XLM 技术可以解决数字档案浏览、阅读和存储对原有软件、硬件的依赖性,可以简化档案管理系统与其他应用系统接口的复杂性,可以保持归档电子文件保存格式的多样性,可以基本解决数字档案的真实、完整和长期可读等。

(二)数据仓库技术

1. 数据仓库的基本概念

数据仓库概念起源于 20 世纪 80 年代中期,是在系统管理和决策中面向主题的、集成的、与时间相关的、不可修改的数据集合。数据仓库没有成熟的基本模式,它实际上是一种应用解决方案。

2. 数据仓库的关键技术

数字档案管理系统本质上是一个数据库管理系统,数据仓库技术是数据库技术的发展,是一种智能化的数据库。

(1)数据的抽取。数据的抽取是数据进入仓库的入口,由于数据仓库是一个独立的数据环境,因此它需要通过抽取过程将数据从联机事务处理系统、外部数据源、脱机的数据存储介质中导入数据仓库中。数据抽取在技术上主要涉及互联、复制、增量、转换、调度和监控等方面。

(2)数据的存储和管理。这是数据仓库的关键。数据仓库的组织管理方式决定了它有别于传统数据库,同时也决定了其对外部数据的表现形式。想要决定采用什么产品和技术来建立数据仓库的核心,则需要从数据仓库的技术特点着手分析。

(3)数据的表现。数据表现实际上相当于数据仓库的门面,其性能主要集中在多维分析、数理统计和数据挖掘方面。

3. 数据仓库的体系结构

为了能够将已有的数据源提取出来,并组织成可用于决策分析所需的综合数据的形式,一个数据仓库的基本体系结构有以下几个基本组成部分。

(1)数据源。指为数据仓库提供最底层数据的运作数据库系统及外部数据。

(2)监视器。负责感知数据源发生的变化,并按数据仓库的需求提取数据。

(3)集成器。将从运作数据库中提取的数据经过转换、计算、综合等操作,集成到数据仓库中。

(4)数据仓库。存储已经按档案管理要求转换的数据,以供分析处理用。根据不同的分析要求,数据按不同的综合程度存储。数据仓库中还应存储元数据,其中记录了数据的结构和数据仓库的任何变化,以支持数据仓库的开发和使用。

(5)应用。作为一种工具,它能够供用户对数据仓库中的数据进行访问查询,并以直观的方式表示分析结果。

4. 数据仓库在档案管理系统中的应用

数据仓库是一个设计思路、一个解决方案,而不是一个可以买到的产品。不同的档案管理系统会有不同的数据仓库。在许多情况下,档案管理人员往往不懂如何利用数据仓库,不能发挥其决策支持的作用;而计算机编程人员对档案管理业务不是很熟悉,不知道该建立哪些决策主题或从数据源中抽取哪些数据。因此在具体应用数据仓库技术时,需要计算机人员和档案管理专家互相沟通,协商开发数据仓库。

(三)VPN 技术

数字档案馆的投入和建设是由一个个独立的档案馆完成的,为了适应社会信息化对档案事业发展的要求,使数字档案资源能够社会共享,数字档案馆之间的互相联通成为数字档案馆建设的一个重要发展方向。从安全角度来考虑,似乎应该为数字档案馆建设一个专用网,但是从现实出发,数字档案馆建专网既不可能也没有必要。VPN 技术就可以解决数字档案馆的馆际互联问题。

1. VPN 技术的基本概念

VPN(Virtual Private Network,虚拟专用网)是一个被加密或封装通信过程,该过程把数据安全地由一端传到另一端,数据的安全由可靠的加密技术来保障,而数据则是在一个开放的、没有安全保障的、经过路由传送的网络上传输的。VPN 是利用公众网来构建专用网络,其核心是被称为"隧道"的技术,它是通过特殊设计的硬件和软件直接借助共享的 IP 网所建立的隧道来完成的。

2. VPN 技术的特点

(1)费用低。和建设或者租用专用网相比,使用公众网的费用非常低,因此可以节省购买和维护通信设备的费用。

(2)安全性有保证。VPN 通过使用点对点协议用户身份验证的方法进行验证,并且采用微软点对点加密算法和网际协议安全机制对数据进行加密。对于敏感数据,还可以使用 VPN 将服务器中的高度敏感数据进行物理隔离,达到只有内网上拥有相应权限的用户才能通过远程访问建立连接关系,从而获取该敏感数据的效果。

(3)使用方便。使用时间、传输速度完全可以由使用者自己决定。

五、数字档案馆建设合作者的选择

数字档案馆建设的技术含量非常高,特别是以应用计算机、网络、信息安全等信息技术为主要特征,显然,仅仅依靠档案部门本身的技术力量是很难完成的,必然要选择优秀的、了解自身情况的IT厂商作为合作者来共同对数字档案馆进行规划和建设,并保证其安全运行。

选择合适的合作者非常重要,这不仅影响到数字档案馆规划、建设的水平和质量,而且关系到建成后数字档案馆的安全运行和系统的售后服务、软件版本升级等一系列问题。现在从事档案管理软件开发和系统集成的IT厂商很多,要选择真正适合自己的厂商,不仅要关注厂商的名气、规模、技术人员数量等,还要结合数字档案馆建设的特点,从以下几个方面加以分析、综合考虑。

(一)对数字档案馆的关注程度

数字档案馆不仅对档案部门来说是新生事物,对IT厂商来说更是一个全新的领域。新的客户、新的需求、新的开发服务手段,都需要厂商投入大量的资源和精力,不断地研究和总结经验。所以数字档案馆建设在厂商业务中的比重,以及厂商上下对数字档案馆建设的重视程度,是选择数字档案馆合作者优先需要考虑的因素。

(二)对档案管理的认识程度

数字档案馆建设成功的主要标志是能够真正被使用,能够对数字档案进行有效的科学管理,具有很强的实用性,而不是看数字档案馆应用的技术手段有多么先进。如果在数字档案馆的规划和建设中能形成一个稳定且成熟的数字档案管理体系,那么即使将来因技术、设备等原因不得不升级,整个系统也能迅速转向新的技术体系。因此数字档案管理体系的构建是数字档案馆成功实施的关键。而合作者对档案管理特别是数字档案管理的认知程度又是构筑完善的管理体系的基础。数字档案馆的作用、职能,档案馆的运行方式、工作人员的行为模式等都有着一定的特点,管理体系应该紧密结合这些特点来建设。因此,一个厂商对档案部门是否有研究,是否了解档案管理模式,先期是否对数字档案馆的规划和建设做了相应的研究和投入,是否有相关的建设经验(如档案馆目录管理系统建设、数字图书馆建设等),都是帮助建立数字档案管理体系的关键。

(三)技术力量

数字档案馆系统对技术的先进性、复杂性,运行的安全性、可靠性等要求很高,数字档案馆的合作者必须具备相应的技术手段,如关键算法和重要接口的开发,同时要有成熟的技术路线,能够保证数字档案馆系统实施的可靠性。

(四)集成能力

数字档案馆所涉及的技术范围非常广泛,如信息的管理,数据的接收、存储和管理,多媒体技术,安全保障技术等。可以说,没有哪一个厂商能够精通所有相关技术,每一个厂商往往是在某一方面有自己的特点和专长。但如果数字档案馆项目分成许多不同方面交给不同的厂商来建设,最终将会形成一个个独立体系的应用信息孤岛,无法构成完整的体系。作为数字档案馆建设的合作者,应该有较强的软件集成能力,并能够利用信息整合技术将不同的应用集成在一起,使其形成一个有机整体。

(五)服务能力

合作者要有一定的前瞻性,不仅仅是指技术实现手段上的前瞻性,更重要的是在能分析研究现有档案管理情况的基础上,对数字档案管理的机制和方法的变化有一定的预见性,能够为档案部门的改革提供咨询和帮助。在这样基础上建设的数字档案馆系统才是不断拓展的和有活力的。有一些数字档案馆的建设还需要合作的厂商帮助档案部门提出建设的总体思路和技术方案等。

作为软件应用系统,后期服务的重要性将越来越突出。因为数字档案馆系统本身不是一个静态的产品,要随着数字档案的不断增加,以及社会对数字档案利用需求的不断增加而发展变化,所以数字档案馆的后期服务将是动态的和连续的。这就要求合作者要有能力响应这种动态的连续服务要求,有能力使数字档案馆系统随着社会的发展而不断进步。

六、数字档案安全性保障

从古至今,人类一刻也没有停止过思考和采取各种方法和手段来保障档案的安全,维护档案的历史性和真实性,保护档案的真实、完整与有效。对于传统载体的档案,人们已经探索了上千年,并且逐步形成了保护档案安全、维护档案真实原貌及档案永久保存的各种技术、手段和方法,如档案馆公共环境的安全保卫制度、档案馆库房的恒温恒湿措施、纸质档案的技术保护、档案的缩微处理等各种有效措施和手段。自 20 世纪 90 年代以来,电子文件归档、馆藏档案数字化都逐渐形成了各种数字形式的档案,由于数字档案的网络化、计算机化和数字载体存储方式的多样化,又对档案的安全保障提出了新的要求,而传统的安全保障方法主要适合于存放在档案馆的实体档案,难以满足网络环境下的数字档案的安全保障要求。因此,基于这样的需求和业务发展的需要,人类正在不断地探求和摸索,寻找既能保护现有馆藏档案的安全,又能确保数字档案安全的整体性解决方案。

(一)数字档案安全保障的基本思路和方法

网络、计算机、存储器和信息系统是数字化档案信息生存的基础,也是引发安全问题的风险基地。黑客攻击、病毒蔓延、信息窃取、技术落后、制度不健全、管理不规范、措施不到位、治理不及时是产生不安全因素的根源,其中有客观的原因,也有主观的原因。因此,加强对客观侵害行为的防范、对主观漏洞的治理、对安全事故的补救是保障网络畅通、系统稳定、数据安全的重要措施。只有网络和系统安全了,制度规范健全了,组织团队落实了,数字化档案信息的安全才能得以保障。

1. 建立技术保障体系,提高网络与系统的安全性

应积极防御、综合防范,创建安全的网络、系统和应用环境。想要保障数字化档案信息的安全,就需要从网络、系统、应用、数据等多个层面来分析问题,并提出解决问题的策略、方法和措施。

(1)保障网络安全

启用入侵检测和访问控制的联动服务。网络安全主要包含两层含义:一是基础设施、网络与计算机设备等硬件设备的无故障运行,其安全性关键在于要购买优质的硬件设备并在运行过程中加强管理和维护,确

保科学使用,这一点只能靠机构中的人和制度来保障;二是保障合法用户的正常使用,确保网络上信息资源不被非法用户窃取、篡改。防火墙和入侵检测技术是常用的保障网络安全的两种手段,入侵检测技术侧重监测、监控和预警,而防火墙则在内外网之间的访问控制领域具有明显的优势。如今,面对网络攻击手段复杂度的不断提高及融合能力的逐渐加强,在网络层采取安全技术的集成化应用和安全产品的联动启用措施,全面提高网络的综合防范能力,已经成为人们保护全网安全的重要举措。

(2)保障系统安全

加强升级服务,做到无漏洞运行。几乎所有的操作系统及其提供的应用与服务均已发现有安全漏洞,并且越流行的,其安全问题越多。目前各操作系统的开发商已经开设了专业通道,提供升级服务的补丁程序下载、安装和检测服务,而且大多是免费的。因此,要做到系统的无漏洞运行,关键在于人们要使用正版软件,增强安全意识,并做到及时升级、及时打补丁。对操作系统的安全,除了不断地增加安全补丁外,还需要时常检查系统的各项设置,如敏感数据的存放方式、访问控制机制、密码更新的频度等基础性策略,并充分利用操作系统提供的强大功能,建立起基于本机操作系统的安全防御与监控系统,保障各客户端的无漏洞运行。

(3)保障档案信息系统的安全

采取防偷窃及基于生物识别的强身份认证措施。档案管理信息系统是特定的应用程序,只有确保是合法用户在合法权限内执行合法操作,才能做好系统用户的安全管理,不给偷窃者以机会。目前,保障合法用户的做法是采取强身份认证、加密和防密码偷窃等技术,如指纹识别、虹膜认证等,这些都是确保用户身份的高安全性技术措施,生物识别技术也已经广泛应用于硬盘加密、数据加密、身份验证等环节。而对于合法用户越权操作与非法操作的情况,主要取决于内部安全管理制度和措施的有效性实施与落实。

(4)保障档案数据的安全

对档案数据实行隔离、加密、灾难备份等措施。安全管理的最终目的是保障网络上传输的、系统中存储的、用户访问到的档案数据和信息是真实、完整和有效的,并保障系统操作者能够方便地访问自身权限范围内的数据,杜绝无权用户进入系统。因此,数据加密、硬盘加密、文件系统加密、增加系统存储的复杂性等都成为保障数据安全的有效措施。对于保密和绝密的数据应采取物理隔离,不允许上网操作,而异地备份则是避免地震、火灾等的重要防范措施,更是确保档案信息安全必不可少的重要备份措施,任何档案保管机构都应建立灾难备份系统。

(5)做好病毒防范工作

建立网络化的病毒防范体系,实现病毒库的同步升级。几乎有网络和计算机存在的地方,都会有病毒。谈毒色变的主要原因是不了解病毒的工作原理,病毒泛滥的主要原因是病毒库不及时升级。因此,每台计算机上都应安装防病毒软件系统,并及时更新病毒库。而对于网络环境下的一个组织而言,病毒杀不尽的原因则是网络上至少有一台机器有病毒,并在网上扩散传播。因此,购买网络版的防病毒软件,建立网络化的病毒防范体系,实现病毒库的统一管理、同步升级,是防范病毒侵害数字化档案信息的有效措施之一。除此之外,加强对病毒知识的学习,提高机构中每位员工的主动防范意识和警惕性也是非常重要的保障措施。

然而,各种技术保障措施固然可以为网络、计算机、存储设备、系统服务、应用程序等软硬件系统建立"硬件"防护体系,但要使它们真正起作用,还需要管理制度这样的"软件"防护体系与之协同工作,其中,人是最关键的因素之一。正像木桶原理所阐述的道理一样,网络及信息的整体安全取决于包括操作人员在内的整个网络系统环境中安全性最薄弱的环节,也就是说,如果网络中有一个人不按规范操作、有一台机器留有漏洞、有一个应用程序感染病毒、有一个端口留有后门,都有可能造成整个网络的彻底瘫痪。因此,只有建立健全的安全管理制度和一体化的管理方案,并将措施落实到组织中的每个人、每件设备、每台机器、每个应用、每个服务,才能确保网络、系统和数据的安全。

2.建立制度保障体系,实现档案安全管理的程序化

保障网络、系统和档案信息安全的永久性措施应该是建立程序化、制度化管理模式并严格执行、落实到位。这同样需要在网络层、系统层、数据层和应用层分别制定相应的政策与规范,并采取必要的措施强化落实,做到制度正确,落实见效。

(1)网络、机房、服务器管理规范

业务部门的实际需求是制定操作规范的依据,主要涵盖两方面内容:一方面是制定保障网络线路、通信设备、交换机、服务器、主机房及网络等支持档案管理机构内部档案信息系统运行的网络基础设施的防火防盗管理制度;另一方面是制定该机构局域网内部用户访问内部档案信息资源和访问互联网的操作规范,并且任何用户只能按照被分配的权限进行操作,严禁越位执行。

(2)数字档案信息安全存储管理规范

根据档案信息的安全级别和保密程度的不同,需要分门别类地制定不同的管理规范,确定不同的存储方案。密级档案信息应实行物理隔离、专人操作,必要情况下要对硬盘采取强安全加密措施。内部处理的档案业务数据在开展网络化共享与维护的过程中,应严格区分用户的访问权限,而对外开放的数据应重点制定防范数据被篡改的策略和方法。制定本项操作规范的依据是《中华人民共和国档案法》及机构规定的档案管理制度。

(3)个人 PC 和客户端的安全操作规范

客户端的安全操作规范主要是指客户端的上网制度、客户端的安全配置规范、客户端应用系统的安装、运行和维护方法、客户端及个人用户在使用档案管理信息系统时的操作规范等方面的要求,这将涉及组织中每一位员工,任何人都不能轻视。制定该项制度的依据是整个档案业务管理机构全网安全和信息安全的总体要求。

(4)数字档案应用系统的安全操作规范

电子文件归档系统、馆藏档案数字化系统、档案信息发布与提供利用

的网站系统等应用程序是用户访问数字档案信息的重要工具。建立有效的操作规范、确定科学的数据转换与图像处理的技术参数、采取数据加密措施、实施严格的权限管理制度，是制定应用系统安全管理的重要内容。该项制度确定后，最重要的是要做到持久执行，并在执行的过程中逐步完善。

3. 建立组织保障体系，促进安全保障的有效性

目前，在我国档案行业，确保网络和档案信息安全的组织保障体系（以下简称"信息管理组织体系"）与行政管理和实际业务管理过程中的组织体系（以下简称"业务管理组织体系"）往往是不同的，其主要区别在于，信息管理组织体系中的成员几乎不参与决策，更无权支配和调配信息化项目的资金和团队成员，日常工作中扮演的几乎都是"救火队"的角色。造成这种现象的主要原因是，业务管理和信息化应用没有真正融为一体，二者之间隔着观念和认识上的鸿沟。事实上，理想的管理模式是二者合一，这就要求机构的领导是既懂业务又熟悉信息化应用的现代化管理人才，要求档案业务工作者也是掌握多项技能的复合型人才，要求机构中的每位员工把信息化和档案业务作为同等重要的基础性工作来开展。

信息管理组织体系中有三个重要角色，一是主持信息化建设和应用实施的项目负责人，即信息资源管理的决策者——CIO（Chief Information Officer）；二是确保网络安全运行的网络管理员——NA（Network Administrator）；三是确保系统和数据安全的系统管理员——SA（System Administrator）。NA、SA 和 CIO 是整个信息安全保障体系建设的决策成员，而借助于网络、计算机开展工作的业务人员则是信息系统中的用户，用户的上网和访问系统与数据的权限是由 NA 和 SA 根据档案管理业务的实际需要和网络安全管理的制度进行分配的，不经允许是不能越权操作的。

信息管理组织体系中一个重要的管理理念是任何角色都不能越位操作，即便是 CIO、SA 或 NA 也不能不顾制度约束而随意更改业务数据。每个用户在系统内的操作权限必须有效体现用户在业务组织体系中的岗

位职能。

4. 建立安全监控体系，落实安全保障的有效性

档案信息安全运行的法规、制度、标准与规范将随着信息系统的建设和运行逐渐得到发展和完善，但档案信息系统和档案信息是否能够真正获得安全保障，关键还在于这些安全法规和标准制度是否能够得到有效的执行和应用。因此，在健全网络安全法律法规的同时，还应加大执法力度，加大运行管理与监督控制的力度，构建网络与系统安全运行法律保障和运行保障的长效机制。这一目标的实现不仅需要档案管理部门及所有人员付出努力，更需要国家立法机构的支持，还需要参与档案管理信息系统建设、使用和维护以保障其安全运行的所有参与者不断加强安全意识，执行安全制度，随需求改变和完善安全管理策略，确保系统运行和档案信息存储的持续安全。

安全审计、安全监控等都是网络与系统安全运行的监控手段和方法。安全审计和监控的对象主要是网络、服务器和计算机系统的环境安全、实体安全、机房设备的防电磁泄漏、软件安全技术、软件加密技术、操作系统的安全管理、数据库的安全与加密、数据传输的安全与加密、局域网安全控制、计算机病毒的诊断与消除、系统的运行安全及整个系统的安全解决方案和安全评估等。

安全监控的具体措施包括：各级保密工作部门和机构负责本地区、本部门网上信息的保密检查，发现问题，及时处理；涉密信息网络必须与公共信息网实行物理隔离；在与公共信息网相连的信息设备上不得存储、处理和传递国家秘密信息；加强对上网人员的监督与管理，明确责任，确保在公共信息网上不发生泄漏国家秘密的事件。

随着信息安全的专业化发展和复杂程度的提高，保障信息安全的技术与方法的难度也在逐渐加大。同时，信息安全是个动态的、发展的过程，不可能一步到位。因此，基于成本和技术先进性的考虑，信息安全外包成为一种趋势，信息安全服务是信息安全外包的一项重要内容，也逐渐被市场所接受。信息安全服务包含从高端的全面安全体系到细节的技术

解决措施,安全服务分层次和内容进行开展,主要包括信息安全咨询和信息安全策略服务、安全监控和安全审计服务、安全响应和安全产品支持服务等。

因此,安全监控体系的建设,首先应根据各单位执行安全审计和安全监控的能力,选择是否采取专业化服务来开展;其次要确定安全监控的层次和内容;最后要选择合适的安全监控服务专业机构或团队来确保安全监控体系的建设与执行。

(二)基于电子签名保障电子文件归档的安全

《中华人民共和国电子签名法》赋予电子文件及电子签名以法律效力,设立并规范了具有安全保障系数的电子认证机构与服务制度,保障了电子文件在通信及各种处理活动中能被安全使用,防止了电子文件在传输过程中被他人篡改、增删等违背当事人意愿的行为,避免了电子文件发送者不承认或随意修改文件、逃避应当履行法律义务的行为。应该说,法律效力的保障使电子文件网上活动的安全性增强了,使双方开展工作的信任度也增强了。

拥有合法电子签名的电子文件原件归档后将形成真正的电子档案。合法有效的电子文件移交到档案馆可以采取介质归档,也可以采取网上归档。具体实现过程包括:电子文件内容的真实性和完整性的确认;归档单位和归档责任者身份认证;归档单位对电子文件执行电子签名;档案馆接收人对电子签名的验证和对电子文件可读性的确认。在电子文件网络化归档的工作流程中,整个系统工作的必要条件是归档单位具有第三方认证的电子印章。归档单位和档案馆需要建立能够阅读带有电子签名的电子文件原件内容的管理信息系统,即建立归档文件中心和电子档案中心两个信息系统(归档文件中心与现行业务系统的数据备份系统保持同步工作),电子文件一旦被修改,系统就能够识别,而且会将其视为无效文档,并通过各种技术手段保障经过电子签名后的电子文件的安全、完整和可读。

1. 电子文件原件及其完整性确认

档案形成单位所采用的现行业务管理信息系统是电子文件原件及其元数据信息的发源地,系统的安全可靠是确保电子文件真实性的根本依据。档案工作者应按照档案接收和保管工作的要求,在该系统建设之前提出具体的保障电子文件真实性需求,并提前开展档案的指导工作。特别是应在电子文件即将结束现行期使命之前,提示各单位做好备份和归档准备等各项工作。更为重要的是,档案工作者还应将拥有电子签名的电子文件最终文稿及时地转存到归档文件中心,以便及时开展归档工作。

2. 归档单位及归档责任者身份认证

系统中包括单位和个人双重身份认证内容。归档单位的身份确认是通过《中华人民共和国电子签名法》中规定的具有权威性、可信任性和公正性的电子认证服务机构提供(以下简称"CA 服务机构")并签发的电子印章和证书来完成。进行身份认证的方式分为单向认证和双向认证。当电子文件归档采用单向认证方式来实现档案馆对归档单位网上传输的电子文件的合法身份认证时,档案馆要先从 CA 服务机构的目录服务器中查询索引,获得证书并用 CA 的根证书公钥验证该证书的签名,验证通过说明该证书是第三方 CA 签发的有效证书,然后检查证书的有效期、检查该证书是否失效或进入黑名单等,从而确定归档单位的身份有效性。关于归档责任者的身份认证也可以采取上述方法,但一般只需要在信息系统中采取像指纹、密码等有效措施就可以。

3. 电子签名的实现

归档单位在登记注册合法的电子签名后,拥有 CA 服务机构发放的签名证书的私钥及其验证公钥。实现签名的过程是:首先确认需要归档的电子文件,并用哈希算法对电子文件做数字摘要;其次对数字摘要用签名私钥做非对称加密,即做数字签名;最后将以上的签名和电子文件原文及签名证书的公钥加在一起进行封装,形成签名结果发送给接收方,等待接收方验证。

4. 电子签名的验证

档案馆接收到的数字签名结果包括数字签名、电子原文和发方公钥。进行签名验证时,要用归档单位发送过来的公钥解密数字签名,导出数字摘要,并对电子文件原文做同样的哈希算法,以获得一个新的数字摘要,并将两个摘要的哈希值进行结果比较,结果相同则签名得到验证,否则签名无效。这就做到了《中华人民共和国电子签名法》中所要求的对签名不能改动、对签署的内容和形式也不能改动的要求。

5. 签名电子文件的可读性保障

归档单位归档时发送给档案馆的和档案馆接收到的都是经过签名的电子文件,经过合法性和完整验证后,电子文件就成为电子档案并由档案馆进行管理,提供对外服务与利用。这就要求档案馆建立的电子档案管理信息系统不仅安全可靠,而且能够阅读和浏览签名的电子文件。目前这一技术已经由很多单位实现,并做成插件形式,可以嵌入档案管理信息系统中,必要时还可以打印出带有印章的档案文件,作为凭证依据。当前市场上流行的模拟纸质文书的数字纸张就是非常典型的应用案例。

电子文件归档过程可以看作对传统纸质档案的电子化模拟与流程化规范的过程,所不同的是从对文件的收集、整理、鉴定、移交、接收到管理的全过程都采用了网络、信息系统、数字签章和身份认证的电子化与自动化操作模式。这种方式,一方面使电子文件归档过程变得简单、快捷、自动化程度高;另一方面使人们对电子档案原始文件的管理与管理档案目录数据的信息系统实现了同步管理,最大限度地减少了人工的干预,提高了归档工作的效率,更重要的是,也极大增强了归档过程的规范性和安全性。至于网络和信息系统带来的安全风险,是能够通过采取各种现代技术手段得到控制和降低的。

(三) 数字化档案信息安全保障的总体结构

坚持积极防御、综合防范的方针,全面提高信息安全防护能力,重点保障基础信息网络和重要信息系统的安全,创建安全健康的网络环境,保障和促进信息化发展,保护公众利益、维护国家安全是国家对信息安全保障工作的总体要求,也是架构数字档案信息安全保障体系的总体指导思想。各档案管理部门应在遵守公共安全、信息安全、计算机安全等法律法规制度的前提下,首先,建立保障数字化档案信息安全运行的组织体系,制定安全管理的规章制度,加强教育和培训,增强所有人员的安全意识,规范操作过程,坚持全员思想上的同步安全原则,开展科学的档案管理工作,杜绝由于人为因素而引发安全事件;其次,根据档案数据、业务流程及内部网络设备的使用特点,建设各个层次的技术保障措施,设定和执行网络边界区域防火墙、入侵检测、网络管理系统等安全策略,加强内外网络之间访问权限的控制与管理,对内部网络中的计算机和服务器,加强操作系统和应用程序的修补与更新,强化应用程序的安全,合理分配各用户的操作权限,根据需要对存储系统与档案数据采取必要的加密措施等一系列的技术保障措施;最后,在运行环节上加强管理和控制,在内部网络所有层次上落实安全管理制度,实施保障安全运行的有效措施,对保密档案数据实行物理隔离措施,对在线运行系统的档案数据采取异地备份、介质备份等措施,对于开放的档案数据提高防篡改的能力,对当前业务流程中正在处理的数据加强真实性、完整性和有效性的控制。

总之,在数字化档案信息的综合管理过程中,我们需要采用这种多维的分层管理与控制体系,建立保护全网安全的防护体系,加强内部管理,增强安全意识,采取各种措施和手段加强防范,增强攻击者被检测到的风险,降低攻击者的成功率,从而在网络安全、系统安全、应用安全的基础上保障数字化档案信息的安全。

参考文献

[1]毕然,严梓侃,谭小勤.信息化时代企业档案管理创新性研究[M].北京:新华出版社,2022.

[2]陈越华,何生荣,陈小琴.图书馆资源管理与档案服务创新[M].北京:中国纺织出版社,2018.

[3]戴丽莉,张会宽,李雅萱.城市建设档案数字化建设与管理研究[M].哈尔滨:北方文艺出版社,2022.

[4]党跃武,曾雪梅,陈征,等.基于信息组织技术的档案资源开发[M].成都:四川大学出版社,2016.

[5]何永明.浅谈大数据背景下高校档案信息资源的开发与利用[J].兰台内外,2017(02):27—28.

[6]侯晓霞.数字化背景下政协档案资源管理模式创新研究[J].山西档案,2024(5):156—158.

[7]黄丽华,黄建峰,王宪东,等.档案数字化风险与管理[M].北京:中国文史出版社,2018.

[8]加小双.档案资源社会化档案资源结构的历史性变化[M].杭州:浙江大学出版社,2019.

[9]金波,张大伟.档案信息化建设[M].上海:上海教育出版社,2016.

[10]景鑫.信息化背景下的电子档案资源保存研究[J].山西档案,2018(06):41—43.

[11]李萍.档案鉴定的理论取向与现实选择——由"档案鉴定是否应该弱化"观点争辩引发的思考[J].档案学研究,2017(05):54—58.

[12]李雪婷.人事档案信息化建设与创新管理研究[M].长春:吉林文史出版社,2021.

[13]林秋萍.关于数字化档案管理模式的研究分析[J].黑龙江史志,2024(1):90—92.

[14]林婷婷,冯秀莲,林苗苗.档案信息资源与数字化管理开发研究[M].哈尔滨:哈尔滨工程大学出版社,2022.

[15]卢森林,吴丽华.基于网络环境下馆藏档案数字化、编研与利用研究[M].北京:北京理工大学出版社,2015.

[16]宋书娟,余艳,贾丽娜.医院档案管理与信息化建设[M].长春:吉林人民出版社,2020.

[17]谭萍.新形势下档案安全风险及防控对策研究[M].沈阳:辽宁大学出版社,2019.

[18]王平,安亚翔.大数据时代的档案信息平台建设[J].档案与建设,2015(10):8－13.

[19]杨俊萍.数字化档案管理创新路径探讨[J].参花(下),2023(1):50－52.

[20]杨学锋.现代化档案管理与服务研究[M].北京:中国商务出版社,2018.

[21]姚建明.档案管理数字化发展与创新研究[M].北京:中国书籍出版社,2023.

[22]易经,唐洁.国企档案资源数字化管理与共享利用模式[J].兰台世界,2024(5):122－1253.

[23]张国庆,刘佳媚.档案数字化建设与管理研究[M].沈阳:辽宁科学技术出版社,2024.

[24]张玉霄.数字档案信息资源安全管理研究[M].长春:吉林大学出版社,2020.

[25]赵豪迈.数字档案长期保存研究[M].西安:陕西师范大学出版总社,2015.

[26]赵娜,韩建春,宗黎黎,等.信息化时代的档案管理精要[M].天津:天津科学技术出版社,2018.

[27]赵旭.档案管理现状的研究与分析[M].天津:天津科学技术出版社,2018.

[28]赵旭.档案信息化建设的理论与实践研究[M].北京:科学技术文献出版社,2021.

[29]赵学敏.高校数字档案馆建设理论与实践[M].昆明:云南大学出版社,2020.